Selma Lagerlöf
Sagen und Legenden

Selma Lagerlöf

Sagen und Legenden

Aus dem Schwedischen von
Marie Franzos

Anaconda

Auswahl und Zusammenstellung dieses Bandes folgen der
Ausgabe *Sagen und Legenden*. München 1964. Orthografie
und Interpunktion wurden den Regeln der neuen deutschen
Rechtschreibung angepasst.

Penguin Random House Verlagsgruppe FSC® N001967

Die Deutsche Nationalbibliothek verzeichnet diese Publikation
in der Deutschen Nationalbibliografie; detaillierte bibliografische
Daten sind im Internet unter http://dnb.d-nb.de abrufbar.

© 2015, 2020 by Anaconda Verlag, einem Unternehmen
der Penguin Random House Verlagsgruppe GmbH,
Neumarkter Straße 28, 81673 München
Alle Rechte vorbehalten.
Umschlagmotiv: Hippolyte Flandrin (1809–1864), »Magdalena
Bay, view from peninsula in northern Spitsbergen with Aurora
Borealis« (1841), Louvre Paris, France / Bridgeman Images
Umschlaggestaltung: www.katjaholst.de
Satz und Layout: InterMedia – Lemke e. K., Heiligenhaus
Druck und Bindung: CPI Books GmbH, Leck
ISBN 978-3-7306-0288-1
www.anacondaverlag.de

Inhalt

Die sieben Todsünden   7

Das heilige Bild in Lucca   17

Der Fischerring   41

Die Königinnen von Kungahälla   65
   Wo einst das große Kungahälla stand   66
   Die Waldkönigin   70
   Sigrid Storråda   86
   Astrid   101
   Margareta Fredkulla   148
   Die Königin auf der Ragnhildsinsel   165

Die Legende vom Vogelnest   173

Die alte Agneta   185

Das Heinzelmännchen von Töreby   195

Der Wechselbalg   211

Die Legende von der Christrose   233

Die sieben Todsünden

Einmal wollte der böse Feind seinen Spott und Hohn mit einem weisen Mönche treiben. Er vermummte sich deshalb mit einem weiten Mantel und einem mächtigen Schlapphut, damit ihn niemand erkenne, und begab sich zu dem alten Mönch, der in dem Beichtstuhl der Domkirche saß und auf seine Beichtkinder wartete.

»Ehrwürdiger Vater«, sagte der Versucher, »ich bin ein Ackersmann und eines Ackermannes Sohn. Ich stehe mit der Sonne auf und vergesse niemals, mein Morgengebet zu sprechen, dann arbeite ich den ganzen Tag draußen auf dem Feld. Meine Nahrung ist Milch und Brot, und wenn ich mit meinen Freunden fröhlich sein will, bewirte ich sie mit Honig und Früchten. Ich bin meiner alten Eltern einzige Stütze. Ich habe keine Frau, und mein Sehnen steht nicht nach Weibern. Ich gehe fleißig in die Kirche und gebe den Zehnten von dem, was ich besitze. Ehrwürdiger Vater, du hast meine Beichte gehört. Willst du mir nun Absolution erteilen?«

»Mein Sohn«, sagte der Mönch, »du bist der frömmste Mann, den ich je gesehen habe. Gerne will ich dir den Ablass geben. Lass mich dir erst nur erzählen, was sich jüngst hier in diesem Ort zugetragen hat. Es wird dein Herz erfreuen, denn du wirst von rühmlichen Taten hören, und kannst dir doch sagen, dass die, die sie vollbracht haben, mit deinem Maß gemessen, arme Sünder sind.«

»Vater, du verleitest zum Hochmut«, sagte der Mann.

»Gott schütze mich vor so großer Sünde«, erwiderte der Mönch. »Wenn du meine Erzählung erst vernommen hast, wirst du anders denken.«

Und er begann: »Der stolze Rittersmann, dem das große Bergschloss jenseits des Flusses gehört, beschloss eines Tages, seine Tochter einem reichen und mächtigen Mann zu vermählen, der ihr gar herzlich zugetan war. Aber das widerstrebte der Jungfrau sehr, denn sie hatte ihre Treue schon einem andern versprochen.

Da schrieb die Jungfrau einen Brief an ihren Herzallerliebsten und erzählte ihm, dass sie von ihrem Vater gezwungen würde, einem andern anzugehören. ›Darum sag' ich Dir vieltausendmal Lebewohl‹, schrieb sie ihm, ›und bitte Dich sehr, Dich um meinetwillen nicht zu betrüben, denn ich bin Dir treu in meinem Herzen!‹

Aber der Ritter, ihr Vater, nahm dem Boten den Brief ab und verbrannte ihn insgeheim.

So kam ihr Hochzeitstag, und sie grüßte ihn mit vielen Tränen. Aber in der Kirche weinte sie nicht: Der Schmerz schlug seinen Wohnsitz in den Zügen ihres Gesichts auf und versteinerte sie. Und alle Leute in der Kirche weinten über sie.

Der Ritter, ihr Vater, sah auch, wie der Kummer ihr Gesicht versteinert hatte. Da erschrak er über seine Tat. Und als sie von der Kirche heimkehrten, rief er die Tochter in seine Turmkammer und sagte: ›Liebe, ich habe unrecht gegen dich gehandelt.‹ Und obgleich er ein stolzer Mann war, fiel er vor ihr auf die Knie und gestand, dass er eine schimpfliche Tat begangen und ihren Brief genommen hatte. Denn er hatte gefürchtet, dass ihr Geliebter mit seinen Knappen herbeireiten und sie mit Gewalt entführen würde, wenn er um die Hochzeit wüsste.

Sie sagte zu ihm: ›Es mag deine Rechtfertigung sein, Vater, dass du nicht weißt, welche Not du verursacht hast.‹ Und sie trat auf die Zugbrücke hinaus.

Da kam der Bräutigam zu ihr. ›Liebste, warum steht ein solcher Schmerz auf deinem Gesicht geschrieben?‹, fragte er.

Da antwortete die Braut: ›Darum, weil ich einen Herzallerliebsten habe, dem ich geschworen habe, ihn niemals zu lassen.‹

Er antwortete: ›Sei nicht betrübt um dessentwillen. Meine Liebe zu dir ist so groß, dass ich glaube, niemand kann dich glücklicher machen, als ich es tun werde.‹

›So denken alle, die lieben‹, sagte sie nur.

›Sage mir, was ich tun soll, um den Schmerz aus deinem Gesicht zu vertreiben‹, sagte er, ›und ich will dir zeigen, dass ich die Wahrheit spreche.‹ Da fasste die Braut Mut und dachte: ›Ich will es sagen, vielleicht, dass Gott sein Herz bewegt.‹ Und sie erzählte ihm, dass sie und ihr Liebster einander den Eid geschworen hätten, dass sich derjenige am Hochzeitstag töten würde, der von seinem Feinslieb betrogen würde. ›Also tötet sich heute mein Geliebter‹, sagte die Braut. Und sie sank zu Boden in ihrem Jammer und lag flehend zu des Bräutigams Füßen. ›Lass mich zu ihm gehen, bevor er es vollbringt.‹

Es lag eine solche Macht in dem Schmerz des Weibes, dass ihr Bräutigam, obgleich er dachte: ›Lasse ich sie zu dem Geliebten ziehen, sehe ich sie niemals wieder‹, sich doch überwand und sagte: ›Du magst tun, was dich gut dünkt.‹ Da stand sie auf und dankte ihm unter Tränen.

Dann ging sie in den Saal zu den Hochzeitsgästen, die an den gedeckten Tischen eifrig des Schmauses harrten, denn sie waren sehr hungrig nach dem langen Ritt und der langen Messe.

›Vielliebe Herren und Frauen‹, sagte die Braut zu ihnen, ›ich muss euch sagen, dass ich mit meines Gemahls Erlaubnis an diesem Abend fortgehe, zu meinem Liebsten. Denn er will sich heute töten, weil ich ihm untreu geworden bin. Nun gehe ich, ihm zu sagen, dass ich gezwungen wurde. Verwundert euch nicht, dass ich selbst gehe, denn zu solchem Auftrag kann man nicht Brief noch Boten finden, der sicher genug wäre. Aber ich bitte euch: Esset, trinket und seid fröhlich, dieweil ich fort bin, denn ich komme wieder, wenn ich meinen Liebsten vom Tode errettet habe.‹

Aber alle Hochzeitsgäste weinten, als sie ihnen von dem Schmerz erzählte, der ihr drohte, und sie antworteten ihr: ›Wir wollen nicht essen und trinken, solange solches Leid dich bedrückt. Gehe du, und wenn du wiederkehrst, werden wir mit dem Schmaus beginnen.‹

Und sie verließen die Tische.

Als die Braut über den Burghof ging, ertönte ein großer Lärm aus der Küche. Ein kleiner Junge vom Gesinde war zum Küchenmeister geeilt und hatte ihm zugerufen, dass das Mahl um mehrere Stunden verschoben werden sollte. Und den Küchenmeister hatte Betrübnis erfasst, als er an seinen Braten und die anderen Gerichte dachte, die nun verderben mussten. Ein Pfund Butter warf er ins Feuer, und einen Korb Eier zerschellte er an den

Steinfliesen; den Jungen schleuderte er über die Schwelle und stand nun vor dem Liegenden, den großen Besen zum Schlag erhoben.

Als aber die Braut auf den Burghof hinaustrat, bat sie, den kleinen Jungen loszulassen. Der Küchenmeister konnte ihrer Bitte nicht widerstehen und hörte sogleich auf, den Jungen zu schlagen. Und er rief: ›Gepriesen sei Gott, der dich so holdselig schuf. Ich will dich fürder nicht betrüben.‹ Und er verwahrte die Speisen viele Stunden, ohne ein erzürntes Wort zu sagen.

Die Braut ging nun allein durch den großen Wald, denn sie wollte zu Fuß zu dem Geliebten kommen und ohne Geleit, so wie man zur Muttergottes-Kapelle kommt in großer Not.

Aber im Wald wohnte ein Räuber. Aus seinem Schlupfwinkel sah er die Braut über den Weg schreiten. Sie hatte Ringe an den Fingern, ein Goldkrönlein auf dem Haupt, eine schwere Silberschärpe um den Leib und Perlen am Hals. Da sagte der Räuber zu sich selbst: ›Dies ist nur ein schwaches Weib, der will ich ihre Kleinodien nehmen, dann habe ich Reichtum genug, kann in ein anderes Land ziehen, dieses schmähliche Leben im Wald lassen und ein ehrlicher Mann werden.‹

Als aber die Braut näherkam und er ihr Gesicht sah, da wurde er machtlos. Denn Gott hatte sie sehr hold geschaffen. Er dachte: ›Ich kann ihr nicht schaden. Sie ist eine Braut, und ich kann diese liebliche Jungfrau nicht geplündert ins Hochzeitshaus gehen lassen.‹ Und er fürchtete Gott, der das Weib also geschaffen hatte, und ließ sie ziehen.

In demselben Wald wohnte ein alter Eremit, der seinen Körper damit kasteite, dass er volle sechs Tage wachte und immer nur am siebenten schlief. Er hatte sich auferlegt, wenn er am siebenten Tag nicht schlafen könne, sechs weitere Tage zu wachen. Denn er glaubte, dies sei Gott wohlgefällig. Nun war sein siebenter Tag beinahe vergangen, ohne dass er hätte schlafen können, denn viele Kranke und Bekümmerte hatten ihn aufgesucht. Aber als er sie alle abgefertigt hatte und sich gerade zum Schlummer niederlegen wollte, erblickte er die Braut, die durch den dichten Wald kam. Und er dachte bei sich selbst: ›Wie soll diese Pilgerin über den reißenden Fluss gelangen, der über Nacht angeschwollen ist und die Brücke weggeschwemmt hat?‹ Und er verließ seine Lagerstätte und geleitete sie zum Fluss und trug sie auf seinen Schultern über das Wasser. Als er wieder zu seiner Höhle kam, war seine Zeit abgelaufen, und er musste wieder sechs Tage wachen um dieses fremden Weibes willen. Aber er bereute es nicht, denn über ihr lag ein solcher Liebreiz, dass alle, die ihrer ansichtig wurden, froh waren, um ihretwillen auf etwas zu verzichten.

So kam die Braut zum Haus des Geliebten. Der war in sein Kämmerlein gegangen und hatte die Tür mit schweren Schlössern versperrt. Und als sie klopfte, öffnete er nicht, denn er hatte das Schwert gezogen und wollte sich töten.

Da vermochte sie weder zu rufen noch zu bitten, denn die Angst erstickte ihre Stimme. Aber ihre heißen Tränen fielen auf die steinernen Fliesen, und er hörte sie durch die Eichentür schluchzen. Er konnte sich nicht töten, solange er darauf lauschte, und so schloss er ihr auf.

Da stand sie mit gefalteten Händen vor ihm und sagte ihm, dass sie gezwungen worden war. Und als er sah, dass er ihre Liebe noch hatte, versprach er ihr, sich nicht den Tod zu geben. Da schmiegte sie sich an ihn, und er küsste sie, und sie fühlten zu gleicher Zeit alle Freude und allen Kummer, die ein Herz bergen kann.

Er sprach zu ihr: ›Du musst jetzt gehen, denn du gehörst einem andern an.‹ Und sie erwiderte: ›Wie kann ich?‹

Aber der Geliebte riss sich aus ihren Armen und sagte: ›Ich will ihn nicht kränken, ihn, der dich zu mir ziehen ließ.‹ Und er ließ zwei Pferde satteln und ritt heim mit ihr zu ihres Vaters Hof.«

Dies alles erzählte der Mönch dem bösen Feind und wusste noch nicht, mit wem er sprach. Und dann fragte er ihn, wer von all denen das größte Opfer gebracht habe. Denn der Mönch war ein weiser Mann und wusste genau, dass kein Mensch so ohne Sünde sein kann, wie dieser Fremde von sich sagte. Und durch diese Erzählung gedachte er zu erfahren, welche der sieben Todsünden die seine wäre, denn je nachdem er erwidern würde, der Vater, oder der Bräutigam, oder die Hochzeitsgäste, oder der Küchenmeister, oder der Räuber, oder der Eremit, oder der Liebste hätte am meisten geopfert, würde der Mönch erfahren, ob Hochmut oder

Eifersucht, oder Völlerei, oder Zorn, oder Geiz, oder Faulheit, oder Wollust die Seele des Fremden beherrschte. Denn was er am höchsten bei andern bewunderte, das müsste ihm selbst zu vollbringen am schwersten fallen.

Aber der böse Feind war so sehr von seinem eigenen Spiel gefangen, dass er die List des Mönches gar nicht merkte. »Wahrlich«, sagte er, »es fällt mir nicht leicht, deine Frage zu beantworten. Es dünkt mich, dass der Mann nicht weniger geopfert hat als der Geliebte und die Hochzeitsgäste keine geringere Entsagung geübt haben als der Räuber. Sie verdienen alle das größte Lob.« Und er vermeinte, so geantwortet zu haben, wie der Mönch es wünschte.

»Um Gottes Barmherzigkeit willen«, rief da der fromme Mann und war sehr erschrocken, »sage doch, dass du eine Tat der andern vorziehst, oder sage, dass du keiner sonderlichen Wert beimissest!«

»Keineswegs, ehrwürdiger Vater«, antwortete der Versucher, »nichts von dem, was diese Männer getan haben, halte ich für leicht. Auch kann ich nicht eines über das andere setzen.«

Der Mönch aber neigte die Lippen zum Ohr hinab und sagte mit keuchender Stimme: »Ich beschwöre dich, sage mir, dass eine Tat die beste ist.«

Aber der böse Feind weigerte sich und bat um Absolution.

»Dann bist du aller sieben Todsünden schuldig«, rief der Mönch entsetzt, »und du musst der Teufel selbst sein und kein Mensch.«

Als er dieses gesagt hatte, stürzte er aus dem Beichtstuhl und flüchtete zum Altar. Und dort begann er die
Beschwörung zu sprechen: Vade retro Satanas.

Als der böse Feind sah, dass er sich verraten hatte,
breitete er seinen Mantel gleich einem Paar Flügel aus
und fuhr durch die dämmrige Wölbung der Kirche wie
eine große, schwarze Fledermaus.

Und es hatte nicht sein Bewenden damit, dass er seine
böse Absicht verfehlt hatte, sondern durch Gottes
Gnade geschah es, dass sie zum Segen ausschlug: Die
Erzählung des Mönches wird seit langer Zeit dazu ver-
wendet, das Herz des Menschen zu erforschen. Wenn
man sich ihrer recht bedient, ist sie gleich einem Netz
in des Fischers Hand. So wie dieses ins Meer geworfen
wird und die Fische auffängt, so taucht sie hinab ins
Menschenherz und zieht die Sünden herauf ans Licht,
auf dass sie bekämpft und unterjocht werden können.

Das heilige Bild in Lucca

Vor langer, langer Zeit begab es sich einmal, dass ein armer Häusler und seine Frau über die Hauptstraße von Palermo gingen. Die Frau führte einen Esel, der mit zwei Gemüsekörben beladen war, und der Mann ging hinterher und trieb mit einem Stock das Tier an. Wie sie so ihres Weges zogen, sahen sie einen Mönch, der an einer Straßenecke stand und predigte. Er war von einer großen Volksmenge umgeben, und man hörte eine Lachsalve nach der anderen.

»Lieber Mann«, sagte die Frau, »wenn es dir recht ist, bleiben wir ein paar Augenblicke stehen und hören diesem Manne Gottes zu. Er scheint ein lustiger Kauz zu sein; und ich hätte nichts dagegen, den Tag mit einem fröhlichen Lachen zu beschließen.«

»Meiner Treu, ich auch nicht«, sagte der Mann. »Die Arbeit ist ja für heute zu Ende; warum sollten wir uns eine kleine Zerstreuung versagen, wenn sie nichts kostet?«

Sie drängten sich durch die Volksmenge, aber als sie nahe genug herangekommen waren, um die Gesichtszüge des Redners erkennen zu können, waren sie ganz betroffen. Er war sicherlich kein Gaukler, wie sie zuerst geglaubt hatten, sondern stand da und redete mit der allerfeierlichsten Miene. Dies verhinderte jedoch keineswegs, dass alles Volk sich vor Lachen geradezu krümmte.

»Wie in aller Welt kann das zusammenhängen?«, fragte die alte Frau verwundert. »Dieser Mönch sieht doch ganz andächtig aus, warum lachen denn alle Menschen über ihn?«

Einer der Umstehenden hatte die Frage der armen Frau gehört. »Ihr dürft euch über unser Lachen nicht verwundern«, sagte er. »Dieser Mönch ist aus Lucca in Italien, und er bettelt um Geld für ein Heiligenbild, das dort in einer Kirche sein soll. Er versichert, das Bild sei so mächtig, dass es jede Gabe, die man ihm darbringe, hundertfach vergelte. Kann man sich etwas Lächerlicheres denken?«

»Ich bin nur ein ungelernter Landarbeiter«, flüsterte der alte Mann seiner Frau zu. »Darum verstehe ich wohl auch nicht, weshalb die Leute dies so lächerlich finden.«

Sie drängten immer näher, und endlich konnten sie die Beteuerung des Mönches mit eigenen Ohren hören.

»Wenn jemand dem heiligen Bild des Gekreuzigten, das in der Domkirche zu Lucca verwahrt wird, eine Gabe darbringt«, sagte er, »groß oder klein, so wird sie ihm hundertfach vergolten werden.«

Der Mönch hatte das treuherzigste Gesicht der Welt, aber die Städter hielten seine Versicherung für einen Scherz. Mit jedem Worte, das er sprach, wurden die Lachsalven immer lauter und die Witzworte immer derber.

»Ich kann diese Stadtleute wahrhaftig nicht verstehen«, sagte die arme Frau. »Sehen sie denn nicht, was für ein prächtiges Angebot man ihnen macht? Ich wünschte nur, ich hätte etwas, das ich diesem Bild geben könnte.«

»Du hast ganz recht«, stimmte der Mann bei. »Sieh dir nur den Mönch an! Das ist ein ehrlicher und glaubwürdiger Mann, der weiß, was er sagt. Wenn ich einer dieser reichen Stadtleute wäre, ich würde keinen Augenblick zögern, dem Bild mein ganzes Vermögen zu geben, um es verhundertfacht wiederzubekommen.«

»Lieber, guter Mann«, rief jetzt die Frau, »mache doch Ernst mit dem, was du sagst! So ganz bettelarm sind wir ja nicht. Haben wir nicht unseren Gemüsegarten, unsere Hütte und unseren alten Esel? Es käme ja keine große Summe heraus, wenn wir das alles verkauften, aber ums Hundertfache vergrößert, reichte es uns bis ans Ende der Tage.«

»Du nimmst mir das Wort aus dem Mund«, erwiderte der Mann. »Wir haben uns unser ganzes Leben lang geplagt und abgerackert, ohne darum reicher zu werden. Jetzt kommt langsam die Zeit heran, da wir uns nur noch mit großer Mühe ernähren können. Wir dürfen diese Gelegenheit nicht versäumen, uns ein sorgenfreies Alter zu verschaffen.«

Hiermit war ihr Beschluss gefasst. Am nächsten Tag gingen sie zu ihrem Nachbarn, einem reichen und verständigen Landwirt, und fragten ihn, ober er ihnen nicht ihre Hütte, ihren Garten und ihren alten Esel abkaufen wolle.

Der reiche Bauer hatte sich schon längst gewünscht, das kleine Stückchen Erde zu besitzen, das an seinen Hof angrenzte, und war darum über das Angebot sehr erfreut. Aber ehe er den Kauf abschloss, wollte er, wie es einem guten Nachbarn geziemt, doch wissen, wovon die alten Leute zu leben gedächten, nachdem sie ihr bisschen Hab und Gut veräußert hätten.

»Nein, weiß Gott«, rief er, als er gehört hatte, wie sie ihr Geld anzulegen gedachten, »ich habe mir lange euren Garten gewünscht, aber nun, da ich höre, in welch törichter Weise ihr den Kaufschilling anzuwenden gedenkt, kann ich den Kauf nicht verantworten. Ihr seid doch mehr als dreißig Jahre meine Nachbarn gewesen; und ich will nicht zu eurem Unglück beitragen.«

Da erklärten ihm die beiden Alten noch einmal, dass sie von einem Mönch gehört hatten, dass dieses heilige Bild die Macht habe, ihnen alles hundertfach zu vergelten.

»Warum nicht gleich tausendfach?«, fragte der Nachbar. »Derlei sagen alle Mönche aus alter Gewohnheit, ohne damit zu rechnen, dass jemand ihre Worte ernst nimmt.«

Der Bauer erhob alle Einwände, die ein ehrlicher Mann in einem solchen Fall vorbringen muss. Erst als die beiden Alten drohten, ihr Anwesen einem anderen Nachbarn anzubieten, gab er nach und kaufte ihnen alles für eine Summe von dreißig Gulden ab, die er ihnen aus einem Lederbeutel aufzählte.

»Seht her«, sagte er, »hier ist das Geld, aber kommt dann nicht und gebt mir die Schuld, wenn alles dahin ist und euch kein anderer Ausweg bleibt, als betteln zu gehen.«

»Lieber Nachbar«, sagte die alte Frau, »wenn ihr uns wiederseht, haben wir hundertmal so viele Gulden wie heute. Warum sollten wir dann Euch oder irgendeinen anderen um Almosen bitten?«

»Nun«, sagte der Bauer und lachte, »ihr seid so lichterloh verrückt, dass es sich gar nicht lohnt, ein vernünftiges Wort mit euch zu reden. Sagt mir jetzt nur, was ihr fürs Erste zu tun gedenkt?«

»Was wir zu tun gedenken?«, wiederholte der Arme. »Aber lieber Nachbar, was sollten wir anderes tun, als mit unserer Gabe nach Lucca zu wandern und sie vor dem heiligen Bild niederzulegen?«

»Ich glaube wahrhaftig, dieser Mönch war ein Hexenmeister, der euch den Kopf verdreht hat«, sagte der Bauer mit großer Heftigkeit. »Wie könnt ihr euch einbilden, ein Heiligenbild könnte euch bares Geld geben? Und warum sollte gerade euch in so wunderbarer Weise geholfen werden und allen anderen nicht? Seht, ich habe eine Tochter, die seit mehr als einem Jahr krank daniederliegt. Wenn ihr wüsstet, wie viel ich für sie der Santa Rosalia di Palermo und anderen Heiligen geopfert habe! Aber glaubt ihr, mir wäre geholfen worden? Nein! Keiner der Heiligen hat einen Finger gerührt. Sie geht jetzt wohl bald von mir, und dann ist es für mich in diesem Leben mit aller Freude vorbei.«

Als der reiche Mann dies gesagt hatte, winkte er seinen Nachbarn zum Abschied und ging rasch in sein Haus, denn er war den Tränen nahe.

Die beiden Armen blieben einen Augenblick stehen und sahen ihm nach.

»Ja, es ist schon wahr – von Sorgen bleibt keiner verschont«, sagte die Frau und wischte sich die Augen. »Vergiss nur nicht, lieber Mann, dass wir bei dem heiligen Bild für unseren lieben Nachbarn bitten. Er ist ein guter Mann und hat es wohl verdient, dass sein Kind am Leben bleibt.«

Das alte Paar nahm von dem treuen Esel zärtlichen
Abschied und trat die Wanderung nach Lucca an. Da
sie jedoch um keinen Preis die dreißig Gulden angreifen
wollten, mussten sie den ganzen Weg zu Fuß zurück-
legen. Um Essen und Nachtherberge zu bekommen,
mussten sie betteln. Es war also keine leichte Reise, aber
sie schlugen sich doch ohne Schwierigkeiten durch. In
Messina mussten sie eine Fähre nehmen, um über die
Meerenge zu kommen, die Sizilien von dem Festland
trennt. Als sie an den Hafen kamen, bemerkten sie sogleich eine kleine Fähre, die für Reisende bestimmt zu
sein schien, die zu Fuß gingen und kein großes Gepäck
hatten. Sie wollten sogleich einsteigen, wurden aber von
dem Fährmann, einem armen Galeerensklaven, der mit
starken Fesseln an sein Fahrzeug geschmiedet war, ab-
gewiesen.

»Nein, nein, meine Mitchristen! Keiner von euch
kommt mir hier herauf, eh ihr nicht jeder einen halben
Gulden für die Überfahrt bezahlt habt.«

Er hatte sich, so gut es ging, auf der Ruderbank ausgestreckt und warf nun einen recht unwirschen Blick
auf die frommen Wanderer, denn sie waren gerade in
der heißesten Mittagsglut zur Fähre gekommen, wo
sonst aller Verkehr zu ruhen pflegte.

»Mein Freund«, sagte der arme Mann. »Ich merke,
dass du uns für Bettler hältst, die von dir übergesetzt
sein wollen, ohne etwas dafür zu bezahlen, aber so verhält es sich keineswegs. Wir sind auf der Wanderung
nach Italien begriffen, um unser Geld zu verzinsen, und
wenn wir zurückkommen, werden wir so reich sein, dass

wir dir fünf Gulden bezahlen können, wenn du es wün-
schest. Hilf uns nur diesmal umsonst übers Wasser. Du
wirst es nicht zu bereuen haben.«

Der Galeerensklave hob den Kopf ein wenig, warf
ihnen aus halb geschlossenen Augen einen flüchtigen
Blick zu und legte sich wieder zurecht. »Ihr seht mir
gerade danach aus, als ob ihr Geld zum Verzinsen
hättet.«

»So wahr ich lebe«, sagte der arme Mann, »ich habe
nicht weniger als dreißig Gulden in meinem Beutel.
Aber ich will sie nicht anrühren, weil sie für einen bestimmt sind, der alles, was man ihm gibt, hundertfach
zurückzahlt. Du kannst dir also denken, dass ich die
Summe jetzt nicht verringern und die Überfahrt erst
auf dem Rückweg bezahlen will.«

Der Fährmann hob den Kopf mit etwas größerer
Teilnahme.

»Wer ist denn das, der hundertfach zurückzahlt?«,
fragte er.

»Wer sollte es sonst sein als das heilige Bild in Lucca?«,
rief der Arme.

Da brach der Galeerensklave in bitteres Lachen aus.
»Ich will euch etwas sagen. Mir ist freilich von der
Obrigkeit befohlen, von jedem, den ich übers Wasser
führe, einen halben Gulden zu verlangen, aber in meiner freien Mittagszeit habe ich das Recht, euch ohne
Bezahlung überzusetzen. Dankt mir nicht dafür, denn
es wäre viel barmherziger, euch nicht zu helfen, aber ich
habe keine Lust, barmherzig zu sein. Seid ihr erst einmal in Italien, so findet ihr vielleicht auch den Weg

nach Lucca, und dort werdet ihr schon sehen, wie man euch angeführt hat.«

Er winkte ihnen, in das Boot einzusteigen. Auf der ganzen Überfahrt sagte er kein Wort, aber als sie in Reggio anlegten, begann er aufs Neue mit seinen bitteren Reden.

»Da ihr so sicher darauf vertraut, dass dieses Bild euch helfen wird, will ich euch sagen, dass niemand mehr Gebete zum Himmel gesandt haben kann als ich, der ich hier an die Ruder festgeschmiedet sitze. Und ich hätte auch Hilfe finden müssen, denn ich sitze hier wegen eines ungerechten Urteils. Ich bin kein Verbrecher. Die Mächtigen im Himmel müssten in einem solchen Fall Hilfe bringen, aber ich merke nichts davon. Keinem ist es eingefallen, etwas für mich zu tun.«

Als die beiden Armen das Boot verlassen hatten und das Ufer hinaufgingen, bemerkte die alte Frau, die Welt sei doch reicher an Schmerz und Unglück, als sie je geglaubt hätte.

»Ja«, sagte der Mann, »sie ist wahrlich von Betrübten erfüllt. Denke daran, liebe Frau, dass wir nicht vergessen, das mächtige Bild zu fragen, warum dieser Mann keine Erhörung findet und nicht von seinem Leiden befreit wird.«

Hierauf schlugen sie den Weg nach dem Norden ein und wanderten wochen- und monatelang. Endlich eines Tages, um die Abendzeit, kamen sie in eine Stadt, von der man ihnen sagte, dass dies Lucca sei.

»Lieber Mann«, sagte die alte Frau, als sie zum Stadttor hineingingen, »wie bin ich doch froh, dass wir am

Ziel unserer Wanderung angelangt sind. Wenn es dir
recht ist, begeben wir uns sogleich in die Domkirche.
Ich kann weder Ruhe noch Rast finden, bis ich das heilige Bild gesehen habe.«

»Du hast ganz recht«, sagte der Mann, »aber wenn
wir dem Bild noch heute unsere Gabe überreichen sollen, müssen wir uns sehr sputen. Es ist schon so spät am
Tag, dass es nicht mehr lange dauern kann, und die
Abendandacht ist zu Ende, und die Kirchentüren werden geschlossen.«

Obgleich sie nach der Wanderung sehr müde waren,
beschleunigten sie ihre Schritte, und als sie die Mauern
des Domes sahen, begannen sie zu laufen. Aber sie
kamen doch zu spät. Der Sakristan, dem die Sorge für
die Kirche oblag, stand eben auf der Kirchentreppe, und
steckte, als sie herankamen, das schwere Bund mit den
Kirchenschlüsseln in den Gürtel.

»Ach, Herr Sakristan, Herr Sakristan«, begann die
Alte, die zuerst anlangte. »Wollt Ihr Euch nicht unser
erbarmen und uns nur für ein paar Augenblicke in die
Kirche einlassen? Ihr wisst nicht, wie weit wir gewan-
dert sind. Wir kommen aus Palermo, um dem heiligen
Bild, das sich hier befindet, eine Gabe darzubringen.«

»Herr Sakristan«, rief der alte Mann, seine Frau un-
terbrechend, »wir sind keine Bettler. Hier seht Ihr einen
Beutel mit dreißig Gulden, den wollen wir Eurem wun-
dertätigen Bild schenken, weil wir wissen, dass es uns
alles hundertfach zurückzahlen wird.«

Sie waren so eifrig, dass sie den Sakristan am Mantel
fassten, um ihn zurückzuhalten. Aber diese Heftigkeit

brachte den Kirchenhüter auf den Gedanken, dass er es mit ein paar Wahnsinnigen zu tun habe.

»Was fällt euch ein? Die Kirche ist für heute geschlossen. Vor morgen früh wird keine Messe gelesen.«

»Lieber Freund«, sagte die Frau. »Wir wollen ja keine Messe hören. Wir haben Priester und Kirchen genug in Sizilien; dazu hätten wir nicht den weiten Weg zu wandern brauchen. Wir kommen einzig und allein, um Eurem heiligen Bild dreißig Gulden zu geben, weil wir wissen, dass es alle Gaben, die man ihm bringt, hundertfach zurückzahlt.«

Die arme Frau sprach mit noch größerer Sicherheit als gewöhnlich, weil sie nun endlich am Ziel ihrer langen Reise angekommen war – aber der Sakristan schien über ihre Behauptung sehr verwundert zu sein.

»Lieber Herr Sakristan«, sagte die Frau, »Ihr müsst doch wissen, wie sich die Sache verhält. Ein Mönch aus dieser Stadt hat unten in Palermo von diesem Bild erzählt.«

»Ich versichere euch, meine lieben Freunde, dass ich nichts weiß und dass ich kein Wort von dem, was ihr sagt, verstehe. Erzählt mir einmal alles ordentlich der Reihe nach. Ihr seht wie kluge, verständige Leute aus, aber ihr sprecht, als wäret ihr von Sinnen.«

Während sie nun ihre Geschichte von Anfang an erzählten, dachte der Kirchenwächter:

»Wenn diese Menschen die Wanderung von Palermo bis Lucca gemacht haben, um dem heiligen Bild das Geld zu bringen, dann nützt es nichts, ihnen die Kirche zu verweigern. Sie werden bitten und betteln, bis ich ihnen das Tor geöffnet habe.«

Und so nahm er das Schlüsselbund aus dem Gürtel
und schickte sich an, die Kirchentür zu öffnen, während
er einen letzten Versuch machte, sie von ihrem Irrtum
zu befreien.

»Ach, meine Freunde«, sagte er, während er an den
schweren Riegeln zerrte, »es ist wohl wahr, dass sich in
dieser Kirche ein altes Bild des Gekreuzigten befindet,
aber es ist in schlechtem Zustand. Es hängt unbemerkt
an einer Säule, und niemand pflegt seine Gebete an
dieses Bildnis zu richten. Ich kann darauf schwören, in
den fünfundzwanzig Jahren, die ich Sakristan an der
Domkirche bin, hat es keine Wunder gewirkt.«

Die Alten waren über diese Auskunft höchlichst verwundert.

»Ach, meine Freunde«, fuhr der Sakristan fort, »wenn
dieses Bild solche Macht hätte, wie ihr sie ihm zuschreibt,
dann müsste es doch wenigstens diesem Rosenbusch
helfen können, der hier an der Kirchenmauer steht.
Früher einmal waren seine Blüten meine größte Freude.
Bis zum Turm hinauf leuchteten die schönsten Rosen,
aber seit einigen Jahren hat der Busch aufgehört, Blüten
zu treiben. Ich gieße und pflege ihn, so gut ich kann;
er sieht auch ganz frisch und grün aus, und ich kann
durchaus nicht verstehen, warum es mir nicht vergönnt
ist, ihn in seiner Blütenpracht zu sehen.«

Er seufzte tief und sah wirklich so betrübt aus, dass
die beiden armen Wanderer versprachen, das heilige
Bild zu befragen, warum der Rosenbusch keine Rosen
mehr trage. Aber der Sakristan schien ihren Worten
keinerlei Beachtung zu schenken.

»Eilt euch jetzt nur«, sagte er, indem er die Kirchentür öffnete. »Ich bleibe hier draußen und warte auf euch.
Nichts ist leichter, als das Bild zu finden; es hängt an
der Säule, die der brennenden Lampe zunächst steht.«

Die beiden Alten waren freilich von seinen Erklärun-
gen betroffen, aber ihr Glaube war keineswegs erschüt-
tert; und kaum sahen sie die Tür geöffnet, eilten sie auch
schon in die Kirche. Drinnen angelangt, blieben sie
zunächst stehen, denn in dem altertümlichen Gottes-
haus, das nur ganz wenige und sehr schmale Fenster
hatte, herrschte schon tiefe Dunkelheit. Ganz vorne
schimmerte freilich ein rotes Flämmchen, aber sie wussten nicht, wie sie dahin gelangen sollten, ohne an Säulen und Grabdenkmäler anzustoßen.

Die alte Frau machte einen Schritt vorwärts. Fast
wäre sie über eine Stufe gefallen. Ganz erschrocken blieb
sie wieder stehen.

»Lieber Mann«, sagte sie, »das nenne ich wirklich Unglück, zu wissen, dass das heilige Bild nur ein paar Schritte
entfernt ist, und nicht zu ihm gelangen zu können!«

»Verhalte dich nur ein paar Minuten still, bis unsere
Augen sich an die Dunkelheit gewöhnt haben«, flüsterte
der Mann. Er war von der Heiligkeit der Stätte so ergriffen, dass er kein lautes Wort wagte.

In diesem Augenblick kam es ihnen vor, als ob sich
das rote Flämmchen, das vorne in der Kirche brannte,
spaltete. Die eine Hälfte begann in der Kirche hin und
her zu schweben. Überall, wo sie hinkam, flammten
plötzlich die Wachskerzen auf, sodass die Finsternis sich
rasch erhellte.

»Ach, lieber Mann«, sagte die alte Frau, »siehst du, man zündet schon Lichter an. Bald wird es keine Kunst mehr sein, zu dem heiligen Bild zu kommen.«

»Liebe Frau«, sagte der Mann, »der Sakristan war uns doch freundlicher gesinnt, als es den Anschein hatte. Er ist durch die Sakristei hereingekommen und hat uns die Lichter angezündet. Nur kann ich nicht verstehen, warum er sich um unseretwillen so viel Mühe macht. Zwei, drei Kerzen wären doch genug gewesen. Siehst du, er zündet nicht nur am Hochaltar die Lichter an, sondern auch in den Seitenkapellen und in den Nischen.«

So war es wirklich. Die ganze Kirche strahlte von Licht. Die beiden waren jedoch in diesem Augenblick so von dem Gedanken an das wundertätige Bild erfüllt, dass sie sich über die vielen Flammen nicht weiter verwunderten.

»Es ist ja möglich, dass hier ein Heiligenfest gefeiert werden soll«, sagte die Alte. »Auf jeden Fall bin ich froh, dass so viele Kerzen brennen. Es ist mir immer viel andächtiger zumute, wenn in einer Kirche viele Kerzen brennen. Ich wünschte nur, dass auch die Orgel gespielt würde.«

Kaum war dies gesagt, als ein leises Brausen von der Orgelempore erklang.

»Nein, aber höre doch nur«, sagte der Mann. »Ich glaube, heute Abend geht dir jeder Wunsch in Erfüllung. Und wie schön man in dieser Kirche spielt! So herrliche Musik habe ich nicht einmal im Dom von Palermo gehört.«

»Es ist so holdselig, dass man glauben könnte, ein Engel spielte«, sagte die Alte. »Geringeres hätte ich auch in dieser Kirche nicht erwartet. Nun wünschte ich nur noch Weihrauchduft, denn die duftenden Weihrauchwolken lassen mich immer fühlen, dass ich mich in einem heiligen Raum befinde.«

Kaum hatte die Frau zu Ende gesprochen, als der alte Mann staunend ausrief:

»Hast du je einen so herrlichen Wohlgeruch geatmet! Das ist doch der feinste, mildeste, lieblichste Weihrauch, den ich je gerochen habe.«

Sie sahen niemanden, der Weihrauchgefäße schwang, ebenso wenig bemerkten sie auf der Orgelempore einen Organisten, aber sie dachten auch gar nicht darüber nach. Sie lebten nur in dem Gedanken an das heilige Bild. Sie wanderten sehr langsam den Haupteingang hinunter, denn es wäre ihnen unschicklich vorgekommen, irgendwelche Eile zu zeigen.

Als sie ungefähr in der Mitte der Kirche angelangt waren, blieben sie stehen, denn über den Gang kam ihnen jemand entgegen. Es war eine hohe, liebliche Frauengestalt. Sie war in ein blaues Kleid und einen roten Mantel gehüllt. Sie trug ein Krönchen aus Perlen und Edelsteinen auf dem Kopf und reiche Geschmeide um Arme und Hals. Sie grüßte die alten Leute mit dem allerfreundlichsten Lächeln, etwa wie eine Hausfrau es zeigt, die geehrten und ersehnten Gästen entgegengeht, und fragte sie, was sie so spät am Tag noch in der Kirche suchten.

»Hochgeehrte Frau Königin«, sagte die alte Frau mit freudiger Stimme, denn ein so gutes und schönes Antlitz glaubte sie noch nie erblickt zu haben, »wir sind hergekommen, ich und mein Mann, um unser Opfer vor dem heiligen Bild des Gekreuzigten niederzulegen, das an einer Säule hier in der Kirche hängen soll.«

Hierauf begannen die Alten, wie es ihre Gewohnheit war, ihre ganze Geschichte zu erzählen, von der Abendstunde an, wo sie den Mönch in der Hauptstraße von Palermo predigen gehört hatten, bis zu ihrer Begegnung mit dem Sakristan draußen auf der Kirchentreppe. Die Fremde betrachtete sie mit großem Wohlwollen, aber je weiter die Erzählung fortschritt, nahm ihr Antlitz einen immer traurigeren Ausdruck an.

»Ach«, sagte sie, als sie alles zu Ende gehört hatte, »ich weiß nicht, ob eure Hoffnungen sich erfüllen werden, aber ich fürchte das Schlimmste. Nur selten kann Gott den Wünschen der Menschen willfahren. Ihre Qual kann ihnen ja als Strafe für irgendeine Missetat auferlegt sein. – Seht zum Beispiel den Sakristan an. Er klagt darüber, dass sein Rosenstrauch keine Rosen mehr trägt, aber er bedenkt nicht, dass dies eine Mahnung für ihn sein soll. Seit Jahr und Tag lässt er die vielen Heiligenbilder, die ihr hier rings um euch seht, ganz und gar verfallen und denkt nicht daran, die Vergoldung aufzufrischen oder die Schäden zu reparieren, die den Bildern bei den Prozessionen zugefügt werden. Er hadert mit Gott, weil ihm dieser nicht zu seiner ersehnten Freude verhilft, aber er sieht nicht ein, dass er, der verlangt, dass Gott den Rosenstrauch mit Rosen schmücken soll, nicht versäumen darf, die Bilder von Gottes heiligen Männern und Frauen, die seiner Hut anvertraut sind, in all ihrer Herrlichkeit und Pracht zu erhalten.«

»Ach ja«, sagte das alte Paar seufzend, »wir hätten uns ja denken können, dass der Sakristan ein Versäumnis begangen haben muss. – Sicherlich haben wir schwerer gesündigt als er. Aber wir sind hierhergekommen im Vertrauen auf das Versprechen, das uns gegeben ward.«

Die schöne Frau vor ihnen hob die Augenbrauen ein wenig, fuhr dann aber mit derselben sanften Stimme fort:

»Es ist eine schöne Sache um einen festen Glauben. Aber dies allein ist nicht genug, um von Gott erhört zu werden. Ihr könntet euch ja leicht etwas wünschen, das euch selbst zum Schaden gereichte. Ihr habt mir eben von dem armen Galeerensklaven erzählt, der eine Fähre zwischen Messina und Reggio hin und her rudert. Noch vor wenigen Jahren war er ein reicher Kaufmann; und er war auch ein guter Mann, der niemandem etwas zuleide tat, aber er war so sehr auf das Wohlleben und die Genüsse des Leibes erpicht, dass er sich die furchtbarsten Krankheiten zugezogen hätte und wahrscheinlich schon längst tot wäre, wenn Gott ihm nicht dieses Unglück gesandt hätte. Es begab sich nämlich, dass ein Dieb eine edelsteingeschmückte Krone von einem Marienbild im Dom stahl; um den Verdacht von sich abzulenken, brach der Dieb einen Edelstein aus der Krone und steckte ihn dem reichen Kaufmann in die Tasche. Dieser Stein wurde bei ihm gefunden. Man beschuldigte ihn, die Krone der Madonna gestohlen zu haben. All seinen Unschuldsbeteuerungen zum Trotz wurde er verurteilt, an die Fähre festgeschmiedet, sein Leben lang Reisende über die Meerenge zu befördern. Nichts wäre leichter, als ihm zu helfen, denn der Dieb hat die Krone in einer Ecke des Dachbodens der Kirche versteckt. In demselben Augenblick, in dem sie zum Vorschein käme, wäre die Unschuld des Kaufmanns bewiesen, und er würde freigelassen. Aber wie soll Gott dies zulassen, ehe der Kaufmann nicht anderen Sinnes geworden ist. Würde ihm früher geholfen, so würde er gewiss sein altes Leben wieder anfangen und dem sicheren Verderben entgegengehen.«

»Liebe gnädigste Frau«, sagte der alte Mann, »wir sind froh, dass der Kaufmann aus diesem Grund unter einem ungerechten Urteil leiden muss. Wir hätten uns wohl selbst denken können, dass es mit seiner Strafe eine besondere Bewandtnis hat. Was nun uns selbst betrifft, so wissen wir freilich nicht, ob das, was wir uns wünschen, uns zum Frommen oder zum Schaden gereichen würde, aber wir bauen auf dieses Versprechen, das uns gegeben ward.«

Wieder hob die holde Erscheinung eine Augenbraue vor Ungeduld über diese Hartnäckigkeit, dann fuhr sie jedoch mit einer Stimme fort, die umso milder klang, je länger sie sprach:

»Es ist etwas sehr Gutes um einen festen Glauben, aber es ist nicht gewiss, ob Gott nur um dessentwillen eure Gebete erhören kann. Es mag ja sein, dass er euch zuerst lehren will, mit dem zufrieden zu sein, das euch beschieden ist. Mir fällt dabei euer Nachbar, der reiche Bauer von Palermo, ein. Außer der kranken Tochter hat er noch eine andere, aber die ist hässlich und ein wenig missgestaltet, und darum behandelt er sie immer schlecht. Sie ist aber klug und gut und arbeitsam und macht sich in jeder Weise nützlich. Ihre Leiden haben Gott gerührt, sodass er eine Krankheit über ihre Schwester verhängt hat. Obgleich sie sehr leicht zu beheben wäre – sie rührt nur von einem vergifteten Kamm her, den eine böswillige Araberin ihr verkauft hat –, muss sie vielleicht daran sterben, wenn ihr Vater nicht lernt, seine beiden Kinder gleich zu lieben. Die Kranke brauchte nur aufzuhören, sich mit dem gefährlichen Kamm zu kämmen, und sie würde allmählich genesen – aber dies wird nicht eher geschehen, als bis der Vater gelernt hat, die guten Gaben seiner hässlichen Tochter zu schätzen.«

»Wahrlich«, rief die alte Frau, »je länger ich Euch sprechen höre, gute, gnädigste Frau, desto fester bin ich von Gottes Weisheit und Gerechtigkeit überzeugt. Sicherlich haben wir beiden Alten oftmals verabsäumt, ihm für alle seine Wohltaten zu danken, aber wir vertrauen doch trotz allem auf das Versprechen, das man uns gegeben hat.«

Bei diesen Worten überstrahlte das holdeste Lächeln das Antlitz der edlen Frau, und indem sie den beiden Alten winkte, ihr zu folgen, sagte sie:

»Ich habe euch gewarnt, meine Freunde, aber ich sehe, dass es unmöglich ist, euch von eurem Vorhaben abzubringen. Denkt noch einmal daran, wie schwer es ist, Erhörung zu finden, bevor ihr all euer Hab und Gut weggebt!«

Ohne eine Antwort abzuwarten, führte sie die Alten zu einer Säule und wies in die Höhe. Da hing ganz oben an der Decke ein großes Kreuz aus dunklem Holz. Daran war ein Christusbild befestigt, das so anders als alle anderen Bilder des Gekreuzigten war, dass die Alten sich an ihre Begleiterin wandten, um sich zu vergewissern, ob sie auch recht gegangen waren.

»Dieses Bild ist sehr alt«, sagte sie, »und sehr schlecht erhalten, aber dennoch stellt es meinen Sohn dar, den gekreuzigten Heiland.«

Die beiden Alten waren so in Betrachtung des heiligen Bildes vertieft, dass sie erst viel später die ganze Bedeutung dieser Worte erfassten.

»Lieber Mann«, flüsterte die alte Frau, »der Heilige dort oben macht mir fast bange mit seinen breiten Augenbrauen und seinen tiefen Augen. Mir wird ganz ängstlich zumute, weil er ohne Bart abgebildet ist. Ich kann ihn nicht wiedererkennen.«

Sie wunderten sich auch, dass der Gekreuzigte in einen kurzen Rock gehüllt war und einen Gürtel um den Leib trug und Holzsandalen an den Füßen. Das Bildnis war auch sehr verstaubt und hing sicherlich schon jahrelang da, ohne dass es jemand eingefallen war, nach ihm zu sehen.

»Ihr seid gewiss recht unruhig«, sagte ihre Begleiterin. »Ihr hattet sicherlich ein anderes Aussehen des Mächtigen erwartet, der euch helfen soll.«

»Liebe gnädigste Frau Königin«, sagte der alte Mann, »wir denken nichts dergleichen. Wir wissen, dass er so aussah, als er noch hier auf Erden wandelte; er war seinem Äußeren nach gering, und die Menschen verstanden nicht sogleich, dass er Gottes Sohn war.«

Da kehrte das Lächeln in vollster Klarheit auf dem Antlitz der fremden Frau wieder.

»So überreicht ihm denn eure Gabe«, sagte sie.

Ohne ein weiteres Wort zu sagen, sanken die beiden Alten in die Knie und neigten den Kopf auf den steinernen Boden.

»O Christus, Gottes Sohn«, sagten sie, »nimm unsere Gabe und höre unsere Bitte. Sieh hier diese dreißig Gulden, die wir erhielten, als wir unser Gärtchen verkauften, unsere Hütte und unseren alten Esel. Wir haben sie aus Sizilien hierhergetragen, weil wir wissen, dass du jede Gabe, die man dir darbringt, hundertfach vergiltst. Mache unseren Glauben nicht zuschanden, sondern schenke uns so viel, dass wir ein sorgenloses Alter genießen können!«

Während sie dies sagten, löste der Mann den Beutel mit den dreißig Gulden von seinem Gürtel und schob ihn zu der Säule, die das Kreuz trug.

Noch einmal wiederholten sie dieselben Worte, ohne den Kopf zu heben, aber plötzlich hörten sie ein leichtes Knacken über sich. Sie blickten auf und sahen, dass das Holzbild einen Arm und einen Fuß von den Nägeln befreit hatte.

Die alte Frau umklammerte heftig die Hand ihres Mannes, aber keines von ihnen sagte ein Wort. Ihre Herzen klopften in seliger Erwartung. Sie waren nun sicherer denn je, dass ihre Gebete erhört werden würden.

Das Christusbild löste mit einem raschen Griff die Holzsandale von seinem Fuß und ließ sie zu den Betenden herabfallen. Dann nahm es seine gewohnte Stellung wieder ein und sah mit derselben strengen und betrübten Miene von seinem Kreuz wieder auf sie nieder wie zuvor.

Es war alles das Werk eines Augenblicks, und sie hätten dem Zeugnis ihrer Augen nicht getraut, hätte nicht vor ihnen auf dem Boden die Sandale gelegen.

Es war eine ganz gewöhnliche Sandale mit Holzsohle und Lederriemen. Weder Stein noch Schmuck waren daran; sie war ganz wertlos. Die edle Frau, die noch immer neben ihnen stand, glaubte zu bemerken, dass die beiden Armen sich in ihren Erwartungen getäuscht sahen.

»Ach«, sagte sie mitleidig, »diese Sandale ist wahrlich eine schlechte Vergeltung für eure große Gabe. Aber noch ist es ja nicht zu spät. Ihr könnt sie liegenlassen, wo sie liegt, und eure Gulden wieder zurücknehmen.« Da sahen sie die beiden Alten beinahe vorwurfsvoll an.

»Wo denkt Ihr hin, liebe gnädigste Frau?«, sagten sie. »Das heilige Bild hat uns sicherlich so viel gegeben, als es in seiner Armut vermag. Es hat ein Wunder getan, um uns diese Sandale zu schenken. Die ist wohl tausendmal mehr wert als unsere armseligen Gulden.«

Kaum hatten sie dies gesagt, als das Angesicht der hohen Frau von dem zärtlichsten Lächeln erhellt wurde.

»Ihr seid meines Sohnes rechte Diener«, sagte sie, »und ihr sollt euch in eurem Vertrauen zu ihm nicht getäuscht haben. Die unschuldigen Wünsche frommer Menschen kann Gott allezeit erfüllen.«

Während sie so sprach, wurde sie von einem solch reinen Glanz umstrahlt, dass die Alten ihre Augen schließen mussten. Als sie die Augen wieder öffneten, herrschte Dunkelheit in der Kirche; die Lichter waren erloschen; das Orgelspiel hatte aufgehört; und die strahlende Frau, die eben noch vor ihnen gestanden hatte, war verschwunden.

Aber sie hatten gar keine Zeit, über die Veränderung zu staunen. Nicht einen Augenblick waren sie allein. Die Kirchentür wurde aufgerissen, und der Sakristan kam hereingestürzt.

»Ihr lieben heiligen Wanderer«, rief er, »welches Wunder! Ich habe es gesehen; ich saß auf der Treppe und wartete auf euch, aber als ihr so lange ausbliebt, stand ich auf und guckte durch das Schlüsselloch. Da sah ich euch in Strahlen überirdischen Lichtes dahingehen; und die heilige Mutter Gottes, die sonst auf einem Altar hier vorne thront, war herniedergestiegen und ging an eurer Seite. Dann sah ich, wie sich der Gekreuzigte über euch neigte, um euch seine Sandale zu schenken. Ach, ihr müsst gleich mit mir zum Herrn Bischof kommen!«

Er führte sie zum Bischof, der im Kapitelsaal saß, umgeben von seinen Domherren.

Und der Sakristan erzählte, und die beiden Alten erzählten, und endlich wurde es den frommen Herren klar, welch großes Wunder sich begeben hatte.

Da beeilte sich der Bischof, seinem Schatzmeister zu winken.

»Mein Freund«, sagte er, »ich will die Sandale, die
diese guten Menschen in so wunderbarer Weise von
dem heiligen Bild empfangen haben, mit dreitausend
Gulden bezahlen. Ich will nicht, dass die Sandale aus
Lucca fortkommt.«

Als das Geld aufgezählt und dem alten Mann in die
Hand gelegt war, fuhr der Bischof fort:

»Ehe ihr nun Lucca verlasst, fordere ich euch auf, mit
uns das heilige Bild auf seinen rechten Platz über dem
Hochaltar zu bringen; aber dann sollt ihr schleunigst
denselben Weg zurückgehen, den ihr gekommen seid,
und alles, was ihr auf eurer Wanderung erlebt habt,
einem jeglichen erzählen, der es hören will. Ich freue
mich, dass nun durch euch der Galeerensklave von seinen Rudern erlöst und eures guten Nachbars Tochter
von ihrer Krankheit geheilt werden wird, so wie ich auch
gewiss bin, dass der Sakristan nicht versäumen wird,
den Rosenbusch wieder blühen zu lassen.

Er verstummte einen Augenblick, dann breitete er
die Hände über die beiden Alten aus.

»Ihr seid die Weisen, und wir sind die Toren«, rief er.
»Auch wir wissen, dass Gott allmächtig ist, aber wir
wagen es nicht, auf seinen Beistand zu vertrauen! Dan-
ket Gott, der euch die Gabe des Glaubens gegeben hat.
Das ist die größte seiner Segnungen.«

Der Fischerring

Um die Regierungszeit des Dogen Gradenigo lebte
in Venedig ein alter Fischer namens Cecco. Er war
einst sehr stark gewesen und noch jetzt rüstig für sein
Alter, aber in der letzten Zeit hatte er doch aufgehört
zu arbeiten. Er ließ sich von seinen zwei Söhnen erhalten. Er war sehr stolz auf diese Söhne und liebte sie, aber
er hatte sie auch fast allein auferzogen. Ihre Mutter war
früh gestorben, und so hatte Cecco für alles sorgen
müssen. Er hatte ihnen Kleider und Essen gegeben; er
hatte mit Nadel und Faden im Boot gesessen und ge-
näht und geflickt und gar nicht danach gefragt, ob man
ihn darum verlachte. Er allein hatte sie auch alles gelehrt, was ihnen zu wissen nottat. Ein paar tüchtige
Fischer hatte er aus ihnen gemacht und sie dazu erzogen,
Gott und San Marco zu ehren.

»Vergesst nicht«, sagte er zu ihnen, »dass Venedig sich
nie aus eigener Kraft erhalten könnte. Seht es an! Ist es
nicht auf Wellen erbaut? Seht euch die niedrigen Inseln
auf der Landseite an, wo das Wasser zwischen dem Seegras auf und nieder schaukelt. Ihr würdet den Fuß nicht
hinsetzen wollen, und doch ruht auf solchem schwanken
Grund die ganze Stadt. Und wisst ihr nicht, dass der
Nordsturm die Macht hat, Kirchen und Paläste ins Meer
zu stürzen? Und wisst ihr nicht, dass wir Feinde von so
großer Gewalt haben, dass alle Fürsten der Christenheit
sie nicht zu besiegen vermöchten? Darum sollt ihr allezeit zu San Marco beten, denn er ist es, der mit starker
Hand Venedig über den Meerestiefen schwebend erhält.«

Abends wenn das Mondlicht auf Venedig fiel, wenn
sie sachte den Canale Grande hinaufglitten und die

Gondeln voller Sänger waren; wenn die Paläste erblichen und tausend Lichtstreifen über dem dunkeln Wasser lagen, dann erinnerte er sie immer daran, dass sie für Leben und Glück San Marco zu preisen hätten. Aber er vergaß seiner auch am Tage nicht. Wenn sie von einem Fischfang heimkamen und über das lichtblaue und goldglänzende Lagunenwasser glitten, wenn die Stadt sich vor ihnen auf den Wellen schwebend erhob, wenn die großen Schiffe hafenaus und hafenein glitten und der Dogenpalast ihnen entgegenleuchtete wie ein großer, verschlossener Schmuckschrein, in dem alle Schätze der Welt verwahrt lagen, dann vergaß er nie, ihnen einzuprägen, dass dies alles San Marcos Gaben wären und dass alles vergehen würde, wenn ein einziger Venezianer undankbar genug wäre, ihn nicht mehr andächtig zu verehren.

Nun geschah es, dass die Söhne sich eines Tages auf einen großen Fischzug auf das offne Meer begaben. Sie waren in Gesellschaft, hatten eine prächtige Schaluppe und gedachten, einige Tage fortzubleiben. Das Wetter war schön, und sie hofften, einen guten Fang zu machen.

Als sie draußen auf dem Meer waren, stiegen einige Fischer in ein Boot und ruderten von der Schaluppe fort, um die Netze auszuwerfen. Es war heller Sonnenschein; niemand dachte an eine Gefahr. Sie hatten ein gutes Boot und waren seetüchtige Leute. Nach einer Weile jedoch merkten die auf der Schaluppe Zurückgebliebenen, dass sich das Meer und der Himmel im Norden rasch verdunkelten. Sie begriffen, dass Nordwind

im Anzug war, und begannen, nach den Kameraden zu
rufen, aber diese waren schon zu weit entfernt, um die
Warnung zu hören.

Der Wind erreichte zuerst das Boot. Als die Fischer
plötzlich die Wellen sahen, stellte sich einer von ihnen
auf und winkte den Kameraden auf der Schaluppe, aber
in demselben Augenblick taumelte er rücklings ins
Meer. Gleich darauf kam eine Woge, die das Boot ganz
auf die Spitze stellte, und man sah, wie die Leute gleichsam von den Ruderbänken geschüttelt und ins Meer
geschleudert wurden. Alles war in einem Moment verschwunden. Dann kam das Boot mit umgekehrtem Kiel
wieder zum Vorschein. Man versuchte nun, die Schaluppe an die Unglücksstelle zu bringen, aber man vermochte nicht, gegen den Wind zu arbeiten.

Es war ein furchtbarer Sturm, der über das Meer
kam, und die Fischer in der Schaluppe hatten bald genug mit ihrer eigenen Rettung zu tun. Sie kehrten aber
doch glücklich heim und erzählten das Unglück. Ceccos beide Söhne und drei andere waren umgekommen.

Lieber Gott, wie sich doch alles fügen kann! Cecco
war an demselben Morgen hinunter zur Rialtobrücke
gegangen, um sich den Fischhandel anzusehen. Er ging
zwischen den Fischständen hin und her und brüstete
sich wie ein Edelmann, weil er nicht zu arbeiten
brauchte. Ja, er nahm sogar ein paar alte Fischer in eine
Osteria mit und lud sie zu einem Becher Weines ein.

Er setzte sich breit auf die Bank und prahlte mit seinen Söhnen. Er geriet in so gute Laune, dass er die Zechine herausnahm, die er vom Dogen bekommen hatte,

weil er ein Kind vor dem Ertrinken im Canale Grande gerettet hatte. Er hielt große Stücke auf die stattliche Goldmünze. Er trug sie immer bei sich und zeigte sie, sobald sich eine Gelegenheit dazu bot. Da kam ein Mann herein und begann von dem Unglück zu erzählen, ohne auf Cecco zu achten. Aber er hatte noch nicht lange gesprochen, als der Fischer sich über ihn warf und ihn an der Kehle packte.

»Du willst doch nicht sagen, dass sie tot sind«, schrie er ihn an, »nicht meine Söhne, hörst du, nicht meine Söhne!«

Der Mann riss sich los, aber Cecco gebärdete sich, als hätte er den Verstand verloren.

Die Vorübergehenden hörten ihn schreien und wehklagen; sie drängten sich in die Osteria und standen im Kreise um ihn herum wie um einen Gaukler.

Cecco lag auf dem Boden und krümmte sich. Er schlug mit der Hand auf den harten Stein und rief einmal ums andre: »Das ist San Marco, San Marco, San Marco.«

»Ah, Cecco, du bist durch deinen Schmerz von Sinnen«, sagte man zu ihm.

»Ich wusste, es würde draußen auf dem Meer geschehen«, sagte Cecco, »ich wusste, es würde geschehen. San Marco würde sie dort ereilen. Er trug ihnen Groll nach. Ich habe es lange gefürchtet. Ja«, sagte er, ohne auf die Beruhigungen der anderen zu hören, »sie haben ihn einmal verlacht als wir draußen waren. Er hatte es nicht vergessen. Er duldet es nicht, dass man ihn verlacht.«

Cecco ließ seine verwirrten Blicke rings über die Umstehenden wandern, als suche er Hilfe. »Hörst du, Beppo von Malamocco«, sagte er und reichte einem großen Fischer die Hand hin, »glaubst du nicht, dass es San Marco war?«

»Denke doch nur nicht so etwas, Cecco!«

»Du sollst hören, wie es war, Beppo. Siehst du, als meine Kinder noch klein waren, lagen wir einmal draußen auf dem Meer, und damit uns die Zeit nicht lang würde, erzählte ich ihnen, wie San Marco nach Venedig gekommen ist. San Marco, der Evangelist, sagte ich ihnen, lag zuerst in einem schönen Dom zu Alexandria in Ägypten begraben. Aber die Stadt kam in die Hände der Ungläubigen, und ihr Kalif befahl, einen prächtigen Palast in Alexandria zu erbauen und Säulen aus den Kirchen der Christen zu nehmen, um ihn zu schmücken. Aber gerade um diese Zeit weilten zwei venezianische Kaufleute im Hafen von Alexandria mit zehn reich beladenen Schiffen. Als diese Männer in die Kirche kamen, wo San Marco begraben lag, und von dem Befehl des Kalifen vernahmen, sagten sie zu den betrübten Priestern: ›Die kostbare Leiche, die ihr in eurer Kirche habt, ist in Gefahr, von den Sarazenen entweiht zu werden. Gebt sie uns! Wir wollen sie ehren, denn San Marco war der Erste, der das Christentum auf den Lagunen predigte, und der Doge wird euch belohnen.‹ Da gaben die Priester ihre Zustimmung. Damit die Christen Alexandrias sich dem Vorhaben nicht widersetzten, legten sie die Leiche eines anderen heiligen Mannes in den Sarg des Evangelisten. Aber damit die

Sarazenen auch nicht erführen, dass die Leiche fortge-
bracht wurde, legten sie sie auf den Boden einer großen
Kiste und bedeckten sie mit Schinken und Rauch-
fleisch, dessen Geruch die Sarazenen nicht vertragen
konnten, sodass die Zollwächter, als sie den Deckel der
Kiste öffneten, wegeilten. Aber die beiden Kaufleute
brachten San Marco unversehrt nach Venedig. Du
kennst ja die Erzählung, Beppo.«

»Ja gewiss, Cecco.«

»Ja, aber nun sollst du hören«, und Cecco richtete
sich halb auf und sprach mit dumpfer Stimme: »– als
ich erzählte, dass der Heilige unter dem Speck gelegen
hat, begannen die Jungen aus vollem Hals zu lachen.
Ich hieß sie schweigen, aber sie lachten nur umso mehr.
Giacomo lag flach im Vordersteven, und Pietro ließ die
Beine über den Bootsrand hängen; und sie lachten so,
dass man es weit übers Meer hinaus hörte.«

»Nun, aber Cecco, zwei Kinder werden doch wohl
lachen dürfen.«

»Aber begreifst du denn nicht, dass sie heute dort
gestorben sind. An derselben Stelle! Könntest du sonst
begreifen, warum sie gerade dort sterben mussten?« Nun
begannen sie alle zu sprechen und ihn zu trösten. Es sei
sein Schmerz, der ihn irreleite. San Marco sei nicht so.
Er nehme nicht Rache an zwei Kindern. Es sei ja natürlich, dass ein Boot auf offnem Meer in den Sturm gerate
und nicht im Hafen.

Nein, seine Söhne hätten nicht in Feindschaft mit
San Marco gelebt. Sie hätten ebenso eifrig wie jeder andere »Evviva San Marco« gerufen.

»Aber du, Cecco«, sagten sie, »du bringst Unglück über uns mit deinen Reden über San Marco. Du bist doch ein alter und weiser Mann, du solltest es besser wissen und ihn nicht gegen die Venezianer aufreizen. Was sind wir ohne ihn?«

Cecco saß da und sah sie mit verwirrten Blicken an. »Ihr glaubt es also nicht?«, sagte er.

»Kein vernünftiger Mensch kann so etwas glauben.« Es sah aus, als wäre es ihnen geglückt, ihn zu beruhigen.

»Ich will auch versuchen, es nicht zu glauben«, sagte er, stand auf und ging zur Tür. »Es wäre zu grausam, nicht wahr? Sie waren zu schön und zu frisch, als dass jemand sie hätte hassen können. Ich will es nicht glauben.«

Er ging heim, und in dem Gässchen vor seiner Tür traf er eine Nachbarsfrau.

»Sie lesen jetzt eben im Dom die Seelenmesse«, sagte sie zu Cecco und eilte fort. Sie hatte Furcht vor seinem Aussehen.

Da nahm Cecco das Boot und steuerte durch die kleinen Kanäle, bis er freien Ausblick hatte. Dort sah er nach dem Meer hinaus. Ach, es war ein tüchtiger Wind, aber wahrlich kein Sturm. Und in solchem Wetter sollten seine Söhne ihr Leben eingebüßt haben? Es war unbegreiflich.

Er machte das Boot fest und ging über die Piazzetta in die Markuskirche hinein. Dort war viel Volk, und alle lagen auf den Knien und beteten in großer Herzensangst.

Cecco fiel nicht auf die Knie, sondern blieb stehen. Er erinnerte sich, wie er mit seinen kleinen Söhnen hierhergekommen war und sie gelehrt hatte, zu San Marco zu beten.

»Er ist es, der uns über die Meere führt, er ist es, der uns die Pforten von Byzanz geöffnet und uns die Herrschaft über die Inseln des Ostens geschenkt hat«, hatte er zu ihnen gesagt. Zum Dank dafür hatten die Venezianer San Marco den schönsten Tempel der Welt erbaut. Nie kehrte ein Schiff von einem ausländischen Hafen heim, ohne eine Gabe für die Kirche mitzubringen.

Dann hatten sie sich alle drei an den roten Marmorwänden des Domes erfreut und an der goldnen, mosaikgezierten Decke. Und er hatte ihnen gesagt, dass kein Unglück eine Stadt treffen könnte, die ihrem Schutzherrn eine solche Burg errichtet hätte.

Cecco sank in aller Hast auf die Knie und begann Pater noster um Pater noster zu beten.

Die schlimmen Gedanken kamen wieder, das fühlte er. Er wollte sie mit Gebeten von sich weisen. Er wollte nichts Böses von San Marco glauben.

Aber es war ja heute Morgen gar kein Sturm gewesen. Und das stand fest: Wenn der Heilige nicht selbst das Unglück hervorgerufen hatte, so hatte er auch nichts getan, um seinen Söhnen beizustehen; er hatte sie verderben lassen, zur Kurzweil gleichsam.

Sobald er sich bei solchen Gedanken ertappte, vertiefte er sich aufs Neue ins Gebet, aber die Gedanken wollten sich nicht verscheuchen lassen.

Und dabei zu denken, dass San Marco hier im Dom eine Schatzkammer hatte, mit Märchenherrlichkeit gefüllt; zu denken, dass er selbst sein ganzes Leben lang zu ihm gebetet hatte und selten an der Piazetta vorbeigerudert war, ohne hineinzugehen und ihn anzurufen …

Es musste wohl seinen Grund haben, dass die Söhne gerade dort draußen ihr Leben eingebüßt hatten. Ah, es war ein Elend für die Venezianer, nichts Besseres zu haben, worauf sie bauen konnten! Man denke: ein Heiliger, der Rache an zwei Kindern nahm, ein Schutzherr, der nicht vor einem Küstenwind zu schützen vermochte!

Er hatte sich erhoben, zuckte die Achseln und ließ die Arme sinken, als er zu dem Heiligengrab im Chor hinsah.

Ein Kirchendiener ging mit einem großen, vergoldeten und getriebenen Teller umher und sammelte Gaben für San Marco ein. Er ging von Mann zu Mann und kam auch zu Cecco.

Cecco prallte zurück, als reiche ihm der böse Feind den Teller. Begehrte San Marco Gaben von ihm? Meinte er, Gaben von ihm verdient zu haben? Doch plötzlich griff er nach der großen, goldnen Zechine, die er im Gürtel trug, und schleuderte sie mit solcher Gewalt auf den Teller, dass man den Klang durch die ganze Kirche hörte. Die Betenden wendeten aufgestört die Köpfe. Und jeden, der Ceccos Antlitz sah, erfasste Entsetzen. Er sah aus, als hätten die Dämonen Macht über ihn bekommen.

Cecco ging aus der Kirche und fühlte sich anfangs erleichtert, da er sich an dem Heiligen gerächt hatte. Er war mit ihm verfahren wie mit einem Wucherer, der mehr haben will, als er zu bekommen hat. »Nimm auch das«, sagt man und schleudert ihm das letzte Goldstück an den Kopf, aber der Wucherer schlägt nicht zurück; er bückt sich nur und hebt die Zechine auf. So hatte es auch San Marco gemacht.

Er hatte Ceccos Zechine angenommen, nachdem er ihm seine Söhne geraubt hatte. Er hatte eine Gabe angenommen, die mit Hass gegeben wurde. Hätte ein ehrlicher Mann sich dazu herbeigelassen? Aber San Marco war ein jämmerlicher Patron, ebenso feige wie rachsüchtig.

An Cecco würde er sich nicht rächen. Er war wohl froh und dankbar über die Zechine. Er strich sie ein und tat, als wäre sie ihm in aller Frömmigkeit gegeben.

Als Cecco in der Vorhalle von San Marco stand, kamen zwei Kirchendiener vorbeigeeilt. »Es steigt, es steigt ganz furchtbar«, sagte der eine.

»Was?«, fragte Cecco.

»Das Wasser in der Krypta. In diesen letzten Minuten ist es um einen Fuß gestiegen.«

Als Cecco auf die Kirchentreppe hinauskam, bemerkte er eine kleine Wasserlache auf dem Platz, gleich bei der untersten Stufe. Das war das Meerwasser, das von der Piazzetta heraufspritzte.

Es überraschte ihn, dass das Meer so hoch gestiegen war; er eilte zur Riva hinunter, wo er sein Boot hatte. Dort war alles, wie er es verlassen hatte, nur dass das Wasser sich recht bedeutend erhoben hatte. Es kam in breiten Wellen herangerollt. Die Kanäle stiegen, sodass die Wassertore der Häuser geschlossen werden

mussten. Der Himmel war gleichmäßig grau wie das
Meer.

Es kam Cecco gar nicht in den Sinn, dass dies ein
ernsthaftes Unwetter werden könnte. Er wollte an so
etwas nicht glauben. San Marco hatte seine Söhne ohne
Grund sterben lassen; dies war gewiss kein ernstlicher
Sturm. Das wollte er doch sehen, ob daraus etwas werden könnte. Und er setzte sich neben sein Boot und
wartete.

Da begann die glatte Wolkendecke, die den Himmel verhüllte, zu zerreißen. Große Gewitterwolken,
schwarz wie Kriegsschiffe, zogen herauf und aus ihnen
rauschte peitschender Regen und Hagel auf die Stadt
hinunter.

Der Wind war jetzt so stark, dass die Möwen ihr ruhiges Schweben nicht fortsetzen konnten, sondern aus
ihren Bahnen geschleudert wurden. Bald sah Cecco sie
mühsam dem Meer zustreben, um nicht vom Sturm
ergriffen und gegen die Mauern der Häuser geworfen
zu werden. Die vielen Hundert Tauben auf dem Markusplatz flogen auf und bargen sich in den Ecken und
Winkeln des Kirchendachs.

Aber nicht nur die Vögel wurden von dem Unwetter
erfasst. Schon hatten sich ein paar Gondeln losgerissen.
Sie wurden gegen den Strand geschleudert, dass sie dem
Zerschellen nahe waren. Alle Gondolieri kamen heran-
gestürzt, um die Boote in den Bootshütten zu bergen
oder in die kleinen Kanäle wegzuführen. Die Seeleute
auf den Schiffen im Hafen arbeiteten an den Anker-
tauen, drückten die Mützen tief in die Stirn und sahen

sich nach allem beweglichem Gut um, das unter Deck gebracht werden musste. Den Kanal Grande herunter kam eine ganze Fischerflotte gestürmt. Alle Fischer waren auf der Flucht, um ihr Heim zu erreichen, bevor der Sturm übermächtig würde.

Cecco lachte, als er die Fischer über die Ruder gebeugt stehen sah, als flüchteten sie vor dem Tod. Sahen sie denn nicht, dass dies nur ein Windstoß war? Er brachte sein Boot nicht in Sicherheit. Der Sturm wurde immer heftiger. Die Wäschestege wurden von den Wellen emporgehoben und aufs Land geworfen, indes die Wäscherinnen schreiend flüchteten. Den Signori wurden die breitkrempigen Hüte von den Köpfen gerissen und in die Kanäle geschleudert. Gassenjungen fischten sie hocherfreut heraus. Segel wurden von den Masten gerissen und flatterten dröhnend durch die Luft; Kinder wurden umgeblasen, und die Wäschestücke, die in den schmalen Gässchen auf Leinen hingen, flogen auf und fielen weit entfernt ganz zerfetzt zu Boden.

Cecco lachte über den Sturm, der da sein Spielchen trieb, die Vögel verscheuchte und Unfug in den Gassen anrichtete, zog aber doch sein Boot unter eine Brückenwölbung.

Gegen Abend fand Cecco, dass es gut wäre, jetzt auf dem Meer zu sein. Auf dem Land war es unheimlich. Hier barsten Schornsteine; die Dächer der Bootshütten flogen ans Ufer. Dachziegel regneten in die Kanäle. Der Wind schlug Türen und Fenster zu, brauste in die offenen Loggien der Paläste und brach die Verzierungen los.

Cecco hielt sich noch tapfer, aber er ging nicht nach Hause, um sich niederzulegen. Als jemand an ihm vorüberging und sagte, dies sei ein schreckliches Wetter, wollte er es nicht zugeben. Er hätte in seiner Jugend schon ganz andre Wetter durchgemacht, sagte er. Als die Nacht kam, stürmten Meer und Wind so gewaltig, dass Venedig in seinen Grundfesten erzitterte. Der Doge Gradenigo und die Herren des hohen Rats begaben sich in finstrer Nacht in die Markuskirche, um für die Stadt zu beten. Fackelträger gingen ihnen voraus. Die Flammen flatterten flach im Wind. Er zerrte so heftig an dem schweren Brokatgewand des Dogen, dass zwei Männer es halten mussten.

Cecco fand, dies sei das Wunderlichste, das er je gesehen hätte. Doge Gradenigo selbst zog zum Dom, um solch eines unbedeutenden Lüftchens willen. Was würden die Menschen erst beginnen, wenn ein richtiger Sturm käme?

Die Wellen schlugen unaufhörlich gegen den gepfählten Strand. Es war, als sprängen weißhäuptige Ungeheuer aus der Tiefe und klammerten sich mit Zähnen und Klauen an die Pfosten, um sie vom Strand loszureißen. Cecco vermeinte, ihr erbostes Zischen zu hören. Ein Schauer begann ihn zu packen.

Jetzt bei Nacht kam ihm der Sturm viel furchtbarer vor. Er hörte Rufe die Luft durchschneiden, die nicht die Rufe des Windes waren; zuweilen kamen schwarze Wolken wie eine Reihe schwerer Galeeren getrieben, und es war, als rückten sie zum Sturmlauf an.

Dann hörte er es deutlich aus ein paar zerrissenen Wolken sprechen.

»Nun schlägt die Stunde für Venedig«, ertönte es aus der einen Wolke, »bald kommen unsre Brüder, die Dämonen, und vernichten die Stadt.«

»Ich fürchte, San Marco lässt es nicht geschehen«, sprach es aus der andern Wolke.

»San Marco ist von einem Venezianer vor die Stirn geschlagen worden, sodass er machtlos daliegt und niemand helfen kann«, sagte die erste Stimme.

Die Worte erreichten den alten Cecco, und von Stund an lag er auf den Knien und betete zu San Marco um Gnade und Vergebung.

Denn es war so, wie die Dämonen gesagt hatten. Die schöne Inselkönigin war ihrem Untergang nahe. Ein Venezianer hatte San Marco gelästert, und darum war Venedig im Begriff, vom Meer hinweggespült zu werden. Es sollte keine Mondscheinfahrten mehr auf den Kanälen geben; keine Barkarolen sollten mehr von schwarzen Gondeln erklingen. Das Meer wollte die goldblonden Signoras, die stolzen Paläste und den güldenen Markusdom verschlingen.

Wenn niemand diese Schlamminseln schützte, waren sie dem Verderben geweiht. Bevor San Marco nach Venedig kam, war es oft geschehen, dass große Stücke der Inseln von den Wogen hinweggespült wurden.

Mit dem ersten Morgengrauen begannen die Glocken der Markuskirche zu läuten. Alles Volk strömte zur Kirche, während ihnen der Wind die Kleider fast vom Leibe riss. Die Priester öffneten die Hauptportale des Doms, und in langer Reihe ergoss sich die Prozession aus der Kirche. Voran wurde das Kreuz getragen, dann kamen die Fackel-

träger, am Ende führte man San Marcos Banner und die
heilige Hostie. Aber der Sturm warf die Kreuzträger zu
Boden, löschte die Wachslichter und schleuderte den
Baldachin, der über der Hostie gehalten wurde, auf das
Dach des Dogenpalastes. Mit knapper Not wurde San
Marcos Banner mit dem geflügelten Löwen davor be-
wahrt, durch die Luft entführt zu werden.

Cecco sah dies alles und schlich laut klagend zum
Boot hinunter. Den ganzen Tag lag er am Strand; oft
gingen die Wellen über ihn hin, und er war nahe daran,
ins Meer gerissen zu werden. Den ganzen Tag war er in
unablässige Gebete zu Gott und San Marco versunken.
Er fühlte, dass von seinen Gebeten das Schicksal der
ganzen Stadt abhing.

Der Sturm dauerte den ganzen Tag mit der gleichen
Heftigkeit fort. Gegen Abend versammelte sich eine
große Menschenschar auf dem Markusplatz und der
Piazzetta, obgleich diese überschwemmt waren. Die
Menschen wagten es nicht, in den Häusern zu bleiben,
die in ihren Grundfesten erbebten. Wohnstätten standen unter Wasser, Kinder ertranken in ihren Wiegen,
Greise und Kranke folgten den einstürzenden Häusern
in die Wellen.

Cecco lag noch immer da und betete zu San Marco.
Ah, das Vergehen eines geringen Fischers konnte doch
nicht so hoch angeschlagen werden! Der Heilige konnte
nicht ohnmächtig sein um seinetwillen. Mochte er doch
ihn und sein Boot den Dämonen übergeben. Er ver-
diente es nicht besser. Aber nicht die ganze Stadt! Gott
sollte sich erbarmen, nicht die ganze Stadt!

»Meine Söhne«, sagte Cecco zu San Marco, »was bedeuten meine Söhne, wenn es Venedig gilt! Ich wollte einen Sohn hingeben für jeden Dachziegel, der in Gefahr ist, in den Kanal geweht zu werden, wenn ich ihn um diesen Preis festzuhalten vermöchte. O, San Marco, jeder, auch der geringste Stein von Venedig ist so viel wert wie ein blühender Sohn.«

Zuweilen sah er entsetzliche Dinge. Da war eine große Galeere, die sich vom Anker losgerissen hatte und nun ans Land getrieben wurde. Sie ging gerade gegen den gepfählten Strand los und stieß mit dem Widderkopf, den sie am Vordersteven trug, zu, als sollte sie sich in ein feindliches Schiff bohren. Stoß um Stoß führte sie, und der Anprall war so furchtbar, dass das Schiff sogleich aus den Fugen ging. Die Wellen leckten hinein, die Spalten weiteten sich, und das stolze Fahrzeug wurde in Stücke gerissen. Aber die ganze Zeit klammerten sich der Kapitän und ein paar Leute der Besatzung, die das Schiff nicht verlassen wollten, an das Verdeck, ohne einen Versuch zu machen, dem Tod zu entkommen.

So kam die zweite Nacht, und Ceccos Gebete ließen nicht ab, an die Himmelstür zu pochen.

»Lass mich allein leiden«, sagte er. »San Marco, dies ist mehr, als ein Mann ertragen kann, wenn er andre mit ins Unglück stürzen sieht. Sende doch deinen Löwen und töte mich; ich will nicht von der Stelle weichen. Was ich für die Stadt dahingeben soll, sag es mir, ich opfere es gern.«

Als er dieses sagte, blickte er zur Piazzetta hinüber, und es war ihm, als könnte er den Markuslöwen auf der

Granitsäule nicht mehr sehen. Hatte San Marco zuge-
lassen, dass sein Löwe zur Erde geweht wurde? Der alte
Cecco weinte. Er war nahe daran, an Venedig zu ver-
zweifeln.

Während er so dalag, sah er die ganze Zeit über Gesichter und hörte Stimmen. Die Dämonen sprachen und
tobten rings um ihn. Er hörte sie gleich wilden Tieren
zischen, wenn sie sich gegen die Strandpfähle warfen.
Er fragte nicht viel danach. All sein Sinnen und Trachten galt Venedig.

Da hörte er über sich starken Schwingenschlag, und
das Herz sank ihm im Leibe; das war sicherlich San
Marcos Löwe, der da geflogen kam. Es regte sich in der
Luft. Der alte Cecco dachte daran, ins Boot hinunter
zu kriechen und sich unter der Brückenwölbung in
Sicherheit zu bringen, aber er ermannte sich und blieb,
wo er war.

In demselben Augenblick stand urplötzlich ein großer, ehrwürdiger Mann neben ihm.

»Guten Abend, Cecco«, sagte der Mann, »nimm
dein Boot und führe mich hinüber nach San Giorgio
Maggiore.«

»Ja«, sagte der alte Fischer, »gleich, Herr.«

Es war ihm, als erwache er aus einem Traum. Der
Löwe war verschwunden, und der Mann hier kannte
ihn, obgleich Cecco sich nicht entsinnen konnte, ihm
schon einmal begegnet zu sein. Er war recht froh, dass
er Gesellschaft fand. Die furchtbare Last und Beklem-
mung, die auf ihm gelegen hatten, seit er in Feindschaft
mit dem Heiligen geraten war, waren auf einmal gänz-

lich verschwunden. Aber was nun die Überfahrt nach San Giorgio betraf, so glaubte er keinen Augenblick, dass das glücken könnte.

»Wir können ja nicht einmal das Boot herausbekommen«, sagte er zu sich selbst. Aber der Mann neben ihm erschien ihm so vertrauenerweckend, dass er es wagte, und siehe, es glückte wirklich, das Boot hervorzuziehen. Er half dem Fremdling einsteigen und ergriff das Ruder.

Cecco lachte über sich selbst. »Glaubst du denn, du könntest abstoßen?«, dachte er. »Hast du je solche Wellen gesehen? So sage ihm doch, dass das nicht in menschlicher Macht steht.«

Aber er konnte dem Fremdling nicht sagen, dass es ein unmögliches Unternehmen sei. Dieser saß so gelassen da, als sollte er an einem Sommerabend zum Lido fahren. Und Cecco begann nach San Giorgio Maggiore zu rudern. Es war unheimlich; einmal ums andre gingen die Wellen über sie hin. Das Boot stieg steile Anhöhen hinan und glitt hinab in tiefe Täler, aber Cecco arbeitete sich doch immer näher an San Giorgio heran.

»Wer ist es, für den du all dies tust und Boot und Leben wagst?«, überlegte er. »Du weißt ja nicht einmal, ob er dich bezahlen kann. Er sieht nicht aus wie ein vornehmer Herr.«

Aber das sagte Cecco nur, um guten Muts zu bleiben und sich seiner Nachgiebigkeit nicht zu schämen. Er fühlte sich gezwungen, alles zu tun, was der Mann im Boot verlangte.

»Aber nicht bis San Giorgio, du Narr«, sagte er, »da weht der Wind noch ärger als am Rialto.«

Aber er legte dort an und hielt das Boot fest, indes der Fremdling ans Land ging. Er wollte das Boot dalassen und sich fortschleichen, aber er tat es nicht. Er hätte eher den Tod erleiden, als den Fremden im Stich lassen mögen. Er sah diesen die Insel hinaufgehen und in die Kirche San Giorgio eintreten. Bald darauf kam er zurück, von einem eisengepanzerten Ritter begleitet.

»Rudre uns jetzt hinaus nach San Niccolo am Lido«, sagte der Fremdling.

»Ach ja, freilich«, dachte Cecco, »warum nicht auch zum Lido?« Da es schon Todesqual gewesen war, bis nach San Giorgio zu rudern, erschrak Cecco sehr, weil er dem Fremdling so bis in den Tod gehorsam war –, denn nun ruderte er wirklich zum Lido hin.

Jetzt, da er zwei Gäste im Boot hatte, war die Arbeit noch schwerer. Er wusste gar nicht, wie er es ertragen sollte. »Du hattest doch noch viele Jahre zu leben«, sagte er vorwurfsvoll zu sich selbst. Aber das Wunderliche war, dass er dennoch nicht betrübt war. Er trauerte weder über die Söhne noch über irgendetwas andres. Und wie stolz er war, dass er sich durch den Sturm zu arbeiten verstand. »Er weiß sein Ruder zu führen, der alte Cecco«, sagte er zu sich selbst.

Sie legten am Lido an, und die beiden Fremdlinge gingen ans Land. Sie stiegen zu San Niccolo hinauf und kamen bald in Gesellschaft eines alten Bischofs zurück, der mit der Stola bekleidet war, den Stab in der Hand und die Mitra auf dem Haupt hatte.

»Rudere nun hinaus ins offene Meer«, sagte der erste Fremdling. Der alte Cecco erbebte. Sollte er ins Meer hinausrudern, wo seine Söhne den Tod gefunden hatten? Nun sagte er kein Scherzwort mehr zu sich selbst. Er dachte auch nicht so sehr an den Sturm, als an das Grauen, das darin lag, zum Grab der Söhne hinauszufahren. Er fühlte, dass er mehr als sein Leben für die Fremden hingab.

Die drei Männer saßen schweigend im Boot. Cecco sah, wie sie sich vorbeugten und in die Dunkelheit hinausspähten. Sie hatten die Meerespforte beim Lido erreicht, und das große, sturmdurchwühlte Meer lag vor ihnen.

In Cecco schluchzte es gleichsam auf. Er dachte daran, dass hier in diesen Wellen die zwei Leichen umherrollten. Er starrte ins Wasser hinab nach den wohlbekannten Gesichtern, aber vorwärts ging es trotz alledem. Cecco ließ sich nicht unterducken.

Da erhoben sich plötzlich die drei Männer im Boot, und Cecco sank in die Knie, obgleich er noch immer das Ruder festhielt. Ein großes Schiff kam gerade auf sie zugesteuert.

Das heißt, Cecco konnte nicht genau sehen, ob es ein Schiff war oder nur treibender Nebel. Die Segel waren groß, als wären sie zu den vier Enden des Himmels gespannt. Der Rumpf war gewaltig, aber gleichsam aus dem leichtesten Meeresdunst erbaut. Cecco vermeinte, eine Besatzung von Dämonen an Bord zu sehen und ihre Rufe zu hören; aber die Dämonen waren wie eine geballte Dunkelheit und ihre Rufe wie das Brüllen des Sturmes.

Jedenfalls war es zu furchtbar, das Schiff gerade auf sie zukommen zu sehen; und Cecco schloss die Augen.

Doch mussten die drei im Boot den Stoß abgewehrt
haben, denn das Boot wurde nicht übersegelt. Als Cecco
aufsah, war das Schiff auf der Flucht ins Meer hinaus,
und laute Klageschreie drangen durch die Nacht.

Er richtete sich zitternd auf, um weiterzurudern. Er
fühlte eine solche Müdigkeit, dass er kaum das Ruder
führen konnte. Die Gefahr war gebannt. Der Sturm hatte
aufgehört, und die Wellen legten sich rasch zur Ruhe.

»Führe uns nun heim nach Venedig«, sagte der
Fremdling zum Fischer. Cecco brachte das Boot zum
Lido, wo der Bischof ausstieg, und nach San Giorgio,
wo der Ritter sie verließ. Der erste mächtige Fremdling
begleitete ihn bis zum Rialto. Als sie ans Land stiegen,
sagte er zum Fischer:

»Wenn es tagt, sollst du zum Dogen gehen und ihm
sagen, was du heute Nacht geschaut hast. Sage ihm, dass
San Marco, San Giorgio und San Niccolo in dieser
Nacht die Dämonen, die Venedig zerstören wollten,
vertrieben haben.«

»Ja, Herr«, sagte der Fischer, »ich will alles berichten.
Aber wie werde ich so zu reden wissen, dass der Doge
mir Glauben schenkt?«

Da reichte San Marco ihm einen Ring mit einem
wundersam strahlenden Edelstein. »Zeige diesen Ring
dem Dogen«, sagte er, »dann weiß er, dass er von mir
Kunde bringt. Er kennt meinen Ring.«

Der Fischer nahm den Ring und küsste ihn ehrfurchtsvoll.

»Und weiter sollst du dem Dogen sagen«, fuhr der
Heilige fort, »dass ich diesen Ring als ein Zeichen gebe,

dass ich Venedig niemals verlassen werde. Selbst wenn der letzte Doge aus dem Palazzo ducale gezogen ist, werde ich Venedig erhalten. Selbst wenn Venedig die Inseln des Ostens verliert und die Herrschaft über das Meer, werde *ich* die Stadt schön und strahlend bewahren. Stets wird sie reich und geliebt sein, stets besungen und gepriesen. Sage ihm dieses, Cecco, und der Doge wird deiner in deinen alten Tagen nicht vergessen!«

Damit verschwand der Apostel, und kurz darauf stieg die Sonne über der Meerespforte bei Torcello empor. Mit den ersten herrlichen Strahlen warf sie einen Rosenschimmer über das weiße Venedig und das schillernde Meer. Und in den schönen Morgen traten strahlende Venezianerinnen und lächelten von den Loggien dem Tag entgegen.

Wieder war Venedig wie eine schöne Göttin, die in rosig glitzernder Muschel über den Wellen thront. Schön wie nie zuvor, strahlte sie ihr Goldhaar und hüllte sich in ihren Purpurmantel, um einem ihrer seligsten Tage entgegenzugehen. Denn ein Rausch des Glücks erfüllte die Stadt, als der Fischer dem Dogen den Ring darbrachte und alle erfuhren, dass der Heilige heute und allezeit seine schützende Hand über sie halte.

Die Königinnen von Kungahälla

Wo einst das große Kungahälla stand …

Wenn jemand, der von der alten Stadt Kungahälla reden gehört, zu dem Ort am Nordre Älf käme, wo sie einstmals lag, würde er gewiss höchst verwundert fragen, ob Kirchen und Kastelle dahinschmelzen können wie Schnee, oder ob die Erde sich aufgetan habe, um sie zu verschlingen. Er ist an eine Stelle gekommen, wo in früheren Zeiten eine mächtige Stadt stand, und er findet nicht eine Gasse, nicht eine Schiffsbrücke. Er bekommt weder Ruinenhaufen noch leer gebrannte Stätten zu sehen. Er findet nur einen Herrenhof, umgeben von grünen Bäumen und roten Scheunen. Er sieht nur weite Wiesen und Felder, über die der Pflug jahraus jahrein geht, ohne von Grundmauern oder steingepflasterten Höfen behindert zu werden.

Man kann sich ja denken, dass er zuallererst hinab zum Ufer des Älf gehen wird. Er wird wohl nicht erwarten, dort einige der großen Schiffe zu finden, die einst zu den Ostseehäfen und dem fernen Spanien fuhren. Aber er wird hoffen, irgendeine Spur der alten Schiffswerften zu finden, der großen Bootshütten, der Brücken und der großen Öfen, in denen man Salz brannte. Er wird das ausgetretene Steinpflaster der Straße sehen wollen, die zum Hafen führte. Er wird nach der deutschen Brücke und nach der schwedischen Brücke fragen, und er wird die Tränenbrücke sehen wollen, auf der Kungahällas Frauen ihren Männern und Söhnen Lebewohl sagten, wenn diese auf lange Fahrt auszogen. Aber wenn er hinab zum Älfstrand kommt, da erblickt er nichts anderes als das wogende Schilf. Er sieht einen holprigen Fahrweg, der hinab zur Fähre führt. Er sieht ein paar schwanke Ruderboote und eine kleine platte Fähre, die einen Bauernwagen hinüber nach Hisingen bringt. Aber keine großen Fahrzeuge kommen sachte den Fluss hinan. Er kann nicht einmal irgendwelche dunklen Schiffswracke unten auf dem Älfgrund liegen und vermodern sehen.

Da er nichts Bemerkenswertes unten am Hafen findet, sucht er vielleicht den berühmten Klosterhügel auf. Er wird wohl Spuren der Palisaden und Wälle sehen wollen, die den Hügel einst umgaben. Er wird das hohe Kastell sehen wollen und die lang gestreckten Klostergebäude. Er wird sich sagen, dass doch wenigstens einige Trümmer der herrlichen Kirche erhalten sein müssten, in der das Kreuz verwahrt wurde, das wundertätige Kreuz, das von Jerusalem heimgebracht worden war. Er wird an die heiligen Hügel denken, und sein Herz wird in froher Erwartung pochen. Aber wenn er zu dem alten Hügel kommt, der sich über den Äckern erhebt, findet er dort nichts anderes als einige rauschende Bäume. Er wird dort keine Mauern finden, keine Türme, keine Giebel, von Spitzbogenfenstern durchzogen. Gartenbänke und Stühle wird er unter den Bäumen sehen, doch keinen säulengeschmückten Klosterhof, keine schönbehauenen Grabsteine.

Nun, da er auch hier nichts gefunden, wird er vielleicht beginnen, nach dem alten Königshof zu fahnden. Er wird an die großen Säle denken, von denen Kungahälla seinen Namen erhalten hat. Vielleicht könnte

doch etwas von dem ellendicken Zimmerholz der
Wände übrig sein, oder von den tiefen Kellern unter
der großen Halle, wo die norwegischen Könige ihre
Gastmahle feierten. Er denkt an den glattgrünen Hofplan des Königsschlosses, wo die Könige silberbehufte
Fohlen einritten und die Königinnen goldgehörnte
Kühe molken. Er muss an das hohe Jungfrauenkäm-
merlein denken, an das Bräuhaus mit den großen Kes-
seln, an den großen Bratherd, wo ein halber Ochse auf
einmal in den Topf getan wurde und ganze Schweine
sich am Spieß drehten. Er denkt an das Gesindehaus
und die Falkenkäfige und die Vorratskammern, Gebäude an Gebäude rings um den ganzen Hof, moosbe-
wachsen vom Alter, mit Drachenköpfen geziert. Von
so vielen Bauten muss doch irgendeine Spur übrig sein,
denkt er. Aber wenn er nach dem alten Königshof fragt,
führt man ihn zu einem Herrenhofgebäude mit Glas-
veranda und Wintergarten. Der Hochsitz ist verschwunden, und alle silberbeschlagenen Trinkhörner
und alle ochsenhautbezogenen Schilde. Man kann ihm
nicht einmal den glatten Hofplatz zeigen mit dem kurzen dichten Gras und den schmalen, in dem schwarzen
Erdreich ausgetretenen Gehwegen. Er sieht Gartenerd-
beerland und Rosenanpflanzungen, er sieht fröhliche
Kinder und junge Mädchen, die unter Apfel- und Birn-
bäumen spielen. Keine Ritter sieht er, die sich im Wett-
kampf messen.

Vielleicht fragt er nach der Eiche auf dem Marktplatz, wo die Könige Thing hielten, oder nach der langen Gasse, von der man behauptet, dass sie meilenlang

gewesen sei! Oder nach den reichen Kaufmannshöfen, die durch dunkle Gässchen getrennt waren und alle ihre Anlegebrücken und ihr Bootshaus unten am Älf hatten! Oder nach der Marienkirche am Marktplatz, wo die Seefahrer kleine getakelte Schiffe opferten und die Betrübten kleine Herzen aus Silber!

Aber nichts wird man ihm zeigen können. Kühe und Schafe weiden da, wo die lange Gasse sich erstreckte. Roggen und Hafer wachsen auf dem Markt, und Ställe und Scheunen erheben sich, wo sich einst die Menschen um lockende Kaufstände drängten.

Sicherlich wird ihn dies sehr betrüben. Ist denn nichts übrig, wird er sagen; hat man denn gar nichts, das man mir zeigen kann? Und er wird vielleicht glauben, dass man ihn betrogen hat. Er wird sagen, dass das große Kungahälla unmöglich hier gelegen haben kann. Es muss an anderer Stelle gewesen sein. Da wird man ihn hinab zum Älfstrand führen, und man wird ihm einen grob behauenen Steinblock zeigen, und wird die silbergrauen Moosflechten herunterscharren, sodass er sehen kann, dass Figuren in den Stein eingeritzt sind. Er wird gar nicht verstehen können, was sie vorstellen. Sie werden für ihn ebenso undeutbar sein wie die Flecken auf der Mondscheibe. Aber man wird ihm versichern, dass sie ein Schiff und ein Elentier vorstellen und dass sie dort eingeritzt wurden zur Erinnerung an die erste Grundlegung der Stadt.

Und da er noch immer nicht begreift, wird man ihm erzählen, was die Felsenzeichnung bedeutet.

Die Waldkönigin

Markus Antonius Poppius war ein angesehener römischer Kaufmann. Er trieb Handel mit entlegenen Ländern, und vom Hafen in Ostia sandte er wohlausgerüstete Dreiriemer nach Spanien, nach Britannien und auch nach Germaniens Nordküste. Das Glück war ihm günstig, und er sammelte unermessliche Reichtümer, die er seinem einzigen Sohn als Erbteil zu hinterlassen gedachte. Leider hatte dieser Sohn nicht die Tüchtigkeit seines Vaters geerbt. Ach, die ganze Welt kennt solche Verhältnisse! Der einzige Sohn eines reichen Mannes! Braucht man mehr zu sagen? Es ist stets dasselbe gewesen.

Man könnte glauben, dass die Götter den reichen Männern diese unleidlichen Faulenzer, diese stumpfen, blassen, müden Toren zu Söhnen geben, um den Menschen zu zeigen, welche grenzenlose Narretei es ist, Reichtümer anzusammeln. Wann werden die Menschen ihre Augen öffnen? Wann werden sie anfangen, die Lehren der Götter zu beherzigen?

Der junge Silvius Antonius Poppius war im Alter von zwanzig Jahren so weit, dass er alle Genüsse des Lebens erprobt hatte. Er gab auch gerne zu verstehen, dass er ihrer müde war, aber dessen ungeachtet merkte man kein Erkalten in dem Eifer, mit dem er ihnen nachjagte. Im Gegenteil, er wurde ganz verzweifelt, als ein hartnäckiges wunderliches Missgeschick, das auf einmal anfing, ihn zu verfolgen, störend in sein Genussleben eingriff. Seine numidischen Pferde lahmten am Tag vor dem vornehmsten Wettfahren des Jahres, seine unerlaubten Liebesverbindungen wurden entdeckt, sein geschicktester Koch starb am Sumpffieber. Dies war mehr als genug, um eine Sinnesstärke zu brechen, die sich nicht in Mühen und Anstrengung gestählt hatte. Der junge Poppius fühlte sich so unglücklich, dass er beschloss, sich das Leben zu nehmen. Er schien zu glauben, dass er in keiner wirksameren Weise jene Götter des Missgeschickes prellen konnte, die ihn verfolgten und ihm das Leben zur Qual machten.

Es gibt Unglückliche, die Hand an sich legen, um den Verfolgungen der Menschen zu entfliehen, doch nur ein Tor wie Silvius Antonius konnte einen solchen Ausweg suchen wollen, um den Göttern zu entfliehen. Man denkt dabei an die berühmte Erzählung von dem Mann, der vor dem Löwen floh und gerade in seinen aufgerissenen Rachen sprang. Der junge Poppius war allzu weich gesinnt, um einen blutigen Tod zu wählen. Ebenso wenig sagte es ihm zu, durch ein qualvolles Gift zu sterben. Nach reiflicher Überlegung beschloss er den sanften Tod in den Wellen. Aber als er hinab zum Tiber kam, um sich zu ertränken, konnte er sich nicht überwinden, seinen Körper dem schmutzigen, schwer dahingleitenden Flusswasser anzuvertrauen. Eine gute Weile stand er unentschlossen und starrte in den Strom. Da ward er von der Zaubermacht ergriffen, die träumend über den Flüssen liegt. Er empfand das große heilige Sehnen, das Meer zu sehen.

»Ich will in einem klarblauen Meer sterben, das bis hinab zu seinem Grund vom Sonnenlicht durchleuchtet wird«, sagte Silvius Antonius. »Mein Leib soll auf einem roten Bett von Korallen ruhen. Die Schaumwellen, die ich emporjage, wenn ich in die Tiefe versinke, sollen schneeweiß und frisch sein, sie sollen nicht den rußbefleckten Schaumblasen gleichen, die hier am Flussrand stehen und zittern.«

Er eilte sogleich heim, ließ einspannen und fuhr hinaus nach Ostia. Er wusste, dass ein Schiff seines Vaters segelfertig im Hafen lag. Der junge Poppius trieb seine Pferde zur äußersten Eile an, und es glückte ihm, an Bord zu kommen, gerade als die Anker gelichtet wurden. Es ist leicht zu begreifen, dass er keinerlei Gepäck oder Ausrüstung nötig zu haben meinte. Es fiel ihm nicht einmal ein, den Schiffer zu fragen, wohin er steuerte. Es ging ja auf alle Fälle hinaus ins Meer, und das war genug für ihn.

Es dauerte auch nicht lange, so erreichte der junge Selbstmörder das, was er wünschte. Der Dreiriemer hatte die Tibermündung hinter sich gelassen, und das Mittelmeer breitete sich vor Silvius Antonius aus, blau, schaumglitzernd und sonnenbeglänzt. Das Meer war so, dass Silvius Antonius den Poeten glaubte, die das wallende Wasser nur eine dünne Hülle nennen, hinter der sich die schönste Welt verberge. Er glaubte, ihren Worten, dass der, welcher mutig die Wasserdecke durchdringt, sogleich das Perlenschloss des Meeresgottes erreicht. Der junge Mann beglückwünschte sich, diese Todesart gewählt zu haben. Eigentlich konnte man es nicht so nennen; es war unmöglich zu glauben, dass dieses schöne Wasser töten konnte. Es war nur ein Weg in eine Welt, deren Genüsse nicht trügerisch sein und nicht Müdigkeit und Ekel hinterlassen würden.

Nur mit Mühe konnte er seinen Eifer zügeln. Doch das Verdeck rings um ihn war voller Seeleute. Silvius Antonius sah ein, dass, wenn er jetzt ins Meer sprang, ganz einfach einer der hurtigen Seeleute seines Vaters sich ins Wasser stürzen und ihn herausfischen würde. Inzwischen kam der Schiffer, nachdem die Segel gehisst und die Ruderer recht in Fahrt gekommen waren, mit der größten Höflichkeit auf ihn zu.

»Du willst mir also nach Germanien folgen, mein Silvius«, sagte er. »Du erweist mir eine große Ehre.« Der junge Poppius erinnerte sich mit einem Mal, dass dieser Mann nie von einer Reise heimgekehrt war, ohne ihm irgendeinen seltenen Gegenstand aus den Barbarenländern mitgebracht zu haben. Er hatte ihm Holzstücke geschenkt, aus denen die Wilden Feuer hervorlocken konnten, große Ochsenhörner, die sie als Trinkgefäße benutzten, und ein Halsband aus Bärenzähnen, das die besondere Zierde eines großen Häuptlings gewesen war.

Dieser prächtige Mann strahlte vor Befriedigung darüber, den Sohn seines Herrn an Bord seines Schiffes zu haben. Er sah es als einen neuen Beweis der Klugheit des alten Poppius an, dass er den Sohn in entlegene Länder sandte und ihn nicht länger unter den trägen jungen Männern umhergehen und verweichlichen ließ.

Der junge Poppius riss ihn nicht aus seinem Irrtum. Er fürchtete, dass der Schiffer sogleich mit ihm umkehren würde, wenn er ihm etwas von seiner Absicht verriet.

»Wahrlich, Galenas«, sagte er, »ich wollte dich nur zu gerne auf dieser Reise begleiten; allein ich fürchte, dass ich dich bitten muss, mich in Bajae ans Land zu setzen. Ich habe meinen Entschluss zu spät gefasst. Hier siehst du mich ohne Gepäck, ohne Geld.«

Aber Galenas beteuerte, dass dieser Mangel leicht behoben werden könne und er deshalb nicht auf die Reise zu verzichten brauche. Befand er sich nicht auf dem wohlausgerüsteten Schiff seines Vaters? Er müsse weder warme pelzgefütterte Kleider entbehren, wenn das Wetter rau würde, noch leichte Gewänder aus syrischen Geweben, wie Seeleute sie anzulegen pflegen, wenn sie bei gutem Wetter in irgendeinem freundlichen Archipel kreuzen.

Drei Monate nach der Abfahrt von Ostia ruderte Galenas' Dreiriemer durch eine felsige Inselgruppe. Weder der Schiffer noch irgendjemand aus der Mannschaft wusste genau, wo sie sich befanden, aber sie waren froh, für eine Weile vor den Stürmen geschützt zu sein, die draußen auf dem offenen Meer tobten. Man hätte wirklich glauben können, Silvius Antonius habe recht mit seiner Behauptung, dass eine Gottheit ihn verfolge. Niemand auf dem Schiff hatte je eine solche Reise erlebt. Die unglücklichen Seeleute sagten einander, sie hätten seit ihrer Abfahrt von Ostia nicht zwei Tage lang schönes Wetter gehabt. Ein Sturm hatte den andern gejagt. Unglaublichen Leiden hatten sie sich unterwerfen müssen. Hunger und Durst hatte sie gequält, während sie Tag und Nacht, ermattet und beinahe krank vor Müdigkeit, Ruder und Segel hatten bedienen müssen.

Es erhöhte den Missmut der Seeleute, dass sie keinen Handel treiben konnten. Wie hätten sie einer Küste nahen sollen, um ihre Waren auf dem Strand auszubreiten und Tauschgeschäfte abzuschließen, bei solchem Wetter! Im Gegenteil, sowie sie eine Küste aus dem hartnäckigen, regenschweren Nebel, der sie umgab, auftauchen sahen, hatten sie hinaus ins Meer steuern müssen, aus Furcht vor ihren schaumumsprühten Klippen. Eines Nachts, als sie auf einer Klippe festsaßen, hatten sie die halbe Ladung ins Meer werfen müssen. Und an die andere Hälfte wagten sie kaum zu denken, denn war es nicht zu befürchten, dass auch sie gänzlich verdorben sein würde, nach all den Sturzwellen, die über das Schiff gekommen waren?

Aber wenn Galenas und seine Männer gewusst hätten, warum der junge Poppius an Bord gekommen war, würden sie es ganz gewiss bitter beklagt haben, dass er seine Absicht nicht ausführte, denn sie waren alle überzeugt, dass seine Anwesenheit dieses Missgeschick verschuldet hatte. In mancher dunklen Nacht hatte Galenas befürchtet, die Seeleute würden sich auf den Sohn des Reeders stürzen und ihn ins Meer werfen. Mehrere von ihnen erzählten, sie hätten in den schauerlichen Sturmnächten dunkle Hände gesehen, die sich aus dem Wasser emporreckten und nach dem Schiff griffen. Und man glaubte, kein Los unter der Schiffsmannschaft werfen zu müssen, um den zu finden, den diese Hände hinab in die Tiefe reißen wollten. Der

Schiffer wie die Mannschaft erwiesen Silvius Antonius
die große Ehre, zu glauben, dass um seinetwillen alle
diese Stürme die Luft durchbrausten und das Meer auf-
peitschten.

Wenn Silvius Antonius sich in dieser Zeit wie ein
Mann betragen, wenn er seinen Teil an der Arbeit auf
sich genommen hätte, vielleicht hätte einer seiner Begleiter Mitleid mit ihm gehabt, als einem Unglücklichen, der sich den Zorn der Götter zugezogen. Aber
der junge Mann hatte es nicht verstanden, ihr Mit-
gefühl zu erwerben. Er hatte an nichts anderes gedacht,
als sich gegen den Wind zu schützen und Pelzwerk und
Decken aus der Ladung hervorzusuchen, um nicht frie-
ren zu müssen.

Doch für den Augenblick waren alle Klagen über
seine Anwesenheit verstummt. Als es dem Sturm gelungen war, den Dreiriemer in die erwähnte Inselgruppe
zu treiben, hatte er aufgehört zu rasen. Er betrug sich
wie ein Schäferhund, der verstummt und sich stillhält,
sobald er die Herde auf dem rechten Weg heim zum
Stall sieht. Die schweren Wolken zogen vom Himmel
fort. Die Sonne schien. Zum ersten Mal auf dieser Reise
fühlte die Schiffsmannschaft, wie sich das Wohlbeha-
gen des Sommers über die Natur breitete.

Auf diese sturmgejagten Männer wirkten der Sonnenschein und die Wärme fast wie ein Rausch. Anstatt
sich nach Ruhe und Schlaf zu sehnen, fühlten sie sich
munter wie morgenfrohe Kinder. Die Hoffnung erwachte aufs Neue in ihnen. Sie vermuteten, dass sie ein
großes bewohntes Festland hinter dieser Menge von

felsigen Klippen finden würden. An dieser fremden Küste, die vielleicht noch nie zuvor ein römisches Schiff besucht hatte, würden ihre Waren höchstwahrscheinlich guten Absatz finden. Es würde ihnen vielleicht doch noch glücken, einen vorteilhaften Tauschhandel abzuschließen, die Schiffsräume mit großen Häuten von Bären und Elentieren zu füllen, mit weißem Wachs und Gold schimmerndem Bernstein.

Während der Dreiriemer sich weiter seinen Weg durch die Klippen suchte, die immer höher wurden und immer reicher an saftigem Grün und Wald, eilte man, ihn zu schmücken, damit er die Blicke der Barbaren auf sich ziehe. Das Schiff, schon ohne allen Zierrat das schönste aller Menschenwerke, lag bald auf den Wellen, an Pracht mit dem herrlichst befiederten Vogel wetteifernd. Eben erst vom Sturm getrieben und verheert, trug es nun eine goldene Mastspitze und herrliche purpurgeränderte Segel. Am Kiel erhob sich ein strahlendes Neptunbild und am Hintersteven ein Zelt aus vielfarbigen seidenen Tüchern. Und man darf nicht glauben, dass die Seeleute es versäumten, die Schiffsseiten mit Teppichen zu behängen, deren Fransen auf dem Wasser schleiften, oder die schweren Ruder mit Goldbändern zu umwinden.

Auch behielt das Schiffsvolk nicht die salzgetränkten Kleider an, die es während der Reise getragen, und die das Meerwasser und die Stürme in Lumpen verwandelt hatten. Sie hüllten sich in weiße Gewänder, schlangen Purpurschärpen um den Leib und drückten sich blinkende Ringe ins Haar. Selbst Silvius Antonius raffte sich aus seiner Dumpfheit auf. Er sah aus, als freue er sich, dass er nun endlich etwas zu tun bekam, worauf er sich verstand. Er ließ sein Haupthaar scheren und seinen ganzen Körper mit duftenden Essenzen einreiben. Dann warf er ein bis zum Boden reichendes Gewand um, befestigte einen Mantel auf seinen Schultern, drückte sich einen breiten Goldreif ins Haar, und aus dem großen Schmuckschrein, den Galenas für ihn öffnete, nahm er Ringe und Armbänder, eine Halskette und einen goldenen Gürtel. Als er fertig gekleidet war, rollte er die Purpurgardinen des Seidenzeltes zurück und legte sich auf ein niedriges Ruhebett in der Zeltöffnung, um von den Bewohnern der Ufer gesehen zu werden.

Während dieser Zurüstungen war das Schiff durch einen immer engeren und engeren Sund geglitten, und endlich merkten die Seeleute, dass sie in die Mündung eines Flusses geraten waren. Man segelte in Süßwasser. Das Festland breitete sich zu beiden Seiten des Schiffes aus.

Der Dreiriemer glitt langsam auf dem glitzernden Älf dahin. Das Wetter war herrlich, die ganze Natur strahlend ruhig. Aber wie lieblich wurde die große Einsamkeit durch das prachtvolle Kauffahrteischiff belebt!

An beiden Ufern des Flusses wuchs hoher, dichter Urwald. Die dunklen Nadelbäume standen dicht gedrängt bis zum Wasser hinab. In seinem ewigen Lauf war es dem Älf gelungen, die Erde zwischen den Baumwurzeln zu entführen, und noch mehr als durch den Anblick der uralten Bäume wurden die Seeleute durch

die nackten Wurzeln, die Riesengliedern ähnelten, ehr-
fürchtig gestimmt. Hier, dachten sie, wird es dem Menschen niemals glücken, Saat auszuwerfen, nie wird hier
Raum für eine Stadt oder auch nur für ein Landgut
geschaffen werden können. In meilenweitem Umkreis
ist ja der Boden von diesem Netzwerk stahlharter Wurzeln durchzogen. Dies allein ist genug, um die Macht
des Waldes ewig, unveränderlich zu gestalten.

Den Fluss entlang standen die Bäume so dicht und
ihr Astwerk war so ineinander verflochten, dass es feste
und undurchdringliche Mauern bildete. Diese Mauern
aus stechenden Nadeln waren so stark und hoch, dass
keine befestigte Stadt sich eine gewaltigere Verschan-
zung hätte wünschen können.

Aber hier und dort fand sich doch eine Öffnung in
der Nadelmauer. Das waren die Mündungen der Pfade,
auf denen die Tiere hinab zum Älf zu kommen pflegten,
um zu trinken. Durch diese Öffnungen konnten die
Fremdlinge einen Blick in den Wald werfen. Nie hatten
sie etwas Ähnliches gesehen. In sonnenloser Dämmerung wuchsen Bäume, deren Stämme mächtiger waren
als die Türme an Roms Pforten. Da war ein Gewirr von
Bäumen, die miteinander um Luft stritten. Bäume
drängten sich und kämpften, Bäume verkümmerten
und wurden von anderen Bäumen zu Boden gebeugt.
Bäume wurzelten in Ästen anderer Bäume. Bäume stritten und wetteiferten wie Menschen.

Aber wenn Tiere oder Menschen in dieser Baumwelt
ihr Wesen trieben, dann mussten sie auf eine andere Art
leben als die Römer; denn vom Boden bis hinauf zu den

Wipfeln war der ganze Wald ein Netzwerk aus steifen, starren Zweigen. Von diesen Zweigen flatterten ellenlange Zipfel grauer Moosflechten herab und verwandelten Bäume in Zauberriesen mit Haar und Bart. Aber unter ihnen war der Waldboden mit modernden Stämmen bedeckt, und der Fuß wäre in dem vermorschenden Holz eingesunken wie in schmelzendem Schnee.

Aus dem Wald heraus drang ein Duft, den alle auf dem Schiff als etwas zart Betäubendes empfanden. Es war der starke Duft von Harz und wildem Honig, der sich mit dem moderigen Geruch von faulenden Stämmen und roten und gelben Riesenpilzen vermischte.

Ohne Zweifel lag in alledem etwas Erschreckendes, aber es war auch erhebend, der Natur in ihrer ganzen Macht zu begegnen, ehe noch Menschen in ihre Gewalt eingegriffen hatten. Es währte nicht lange, so begann einer der Seeleute eine Hymne an den Waldesgott zu summen, und unwillkürlich fiel die ganze Mannschaft in den Sang ein. Es war nicht mehr so, dass sie erwarteten, Menschen in dieser Waldwelt zu finden. Ihre Herzen wurden von frommen Gedanken aufgeschlossen. Sie dachten an den Waldesgott und seine Nymphen. Sie sagten sich, dass Pan, aus Hellas' Wäldern verscheucht, in den äußersten Norden geflohen war. Mit frommen Gesängen zogen sie in sein Reich ein.

Während jeder Pause im Gesang hörten sie eine leise Musik im Wald. Die Nadeln hoch oben in den Baumwipfeln, die in der Mittagshitze zitterten, spielten und sangen. Immer häufiger hielten die Seeleute im Gesang inne, um zu horchen, ob nicht auch Pans Flöte bald erklingen wollte. Immer langsamer wurde das Schiff von den Rudern dahingetrieben. Die Seeleute spähten hinab ins Wasser, das goldgrün und schwarzviolett unter den Tannen floss. Sie spähten in das hohe Schilf, dessen Blätter in der Strömung bebten und raschelten. Es lag eine solche Erwartung über ihnen, dass sie beim Anblick einer irrenden Libelle und beim Anblick der weißen Wasserrosen, die in dem schönen Dunkel tief zwischen den Schilfhalmen leuchteten, zusammenzuckten. Und wieder ertönte der Sang: »Pan, du, des Waldes Beherrscher!«

Sie hatten jeden Gedanken an Kauf und Handel aufgegeben. Sie fühlten, dass sie an der Pforte zu den Wohnstätten der Götter standen. Alle irdische Sorge war von ihnen gewichen.

Da, mit einem Mal, an der Mündung eines dieser Tierpfade – da stand ein Elen, ein königliches Tier mit breiter Stirn und einem Wald von Geweihenden.

Auf dem Dreiriemer entstand atemloses Schweigen. Die Ruder, gegen das Wasser gestemmt, hemmten die Fahrt. Silvius Antonius erhob sich von seinem Purpurbett.

Aller Augen waren auf den Elenhirsch gerichtet. Man glaubte etwas wahrzunehmen, das er auf seinem Rücken trug, doch das Waldesdunkel und die herabhängenden Zweige machten es unmöglich, deutlich zu sehen.

Das gewaltige Elen stand lange und witterte mit erhobener Schnauze gegen den Dreiriemer. Endlich schien es einzusehen, dass es kein feindlicher Gegenstand war; es machte einen Schritt hinab ins Wasser. Noch einen.

Hinter den breiten Hörnern schimmerte immer deutlicher etwas Helles, Rosiges hervor. Trug vielleicht das Elen auf seinem Rücken eine ganze Ernte wilder Rosen?

Die Schiffsmannschaft machte einige vorsichtige Bewegungen mit den Rudern. Der Dreiriemer kam dem Tier entgegen. Er glitt gleichsam wie von selbst immer näher an die Schilfkante heran.

Der Elenhirsch schritt sachte hinaus ins Wasser, setzte behutsam den Fuß auf, um nicht in den Wurzeln am Grund des Älfs hängen zu bleiben.

Nun sah man deutlich über den Hörnern ein Mädchenantlitz, von hellem Haar umgeben. Das Elen trug auf seinem Rücken eine jener Nymphen, die man erwartet hatte, die sich naturnotwendig in dieser Urwelt befinden mussten.

Das Volk auf dem Dreiriemer ward von heiliger Verzückung ergriffen. Einer aus ihrer Mitte, der aus Sizilien stammte, erinnerte sich an ein Lied, das er in seiner Jugend gesungen, als er auf den blumenreichen Ebenen um Syracusa spielte.

Er begann zu summen:

>»Nymphe, Arethusa genannt,
> Nymphe, aus Blumen geboren,
> Du, die durch Wälder und Flur wandeltest,
> Mondschein weiß …«

Und als die sturmfesten Männer die Worte erfassten, suchten sie das orkangleiche Brausen ihrer Stimmen zu dämpfen, und sangen:

»Nymphe, Arethusa genannt,
Nymphe, aus Blumen geboren ...«

Man lenkte das Schiff immer näher und näher an die Schilfkante. Man achtete nicht darauf, dass es schon ein paar Mal auf dem Grund gescharrt hatte. Aber das junge Waldwesen saß und spielte Verstecken hinter dem Geweih des Elenhirsches. Bald verbarg sie sich, bald lugte sie hervor. Sie hielt das Elen nicht an; sie trieb es weiter hinaus ins Wasser.

Als das hochbeinige Tier ein Stück vorwärtsgekommen war, liebkoste sie es, um es aufzuhalten. Sie beugte sich hinab und riss ein paar Wasserrosen ab. Die Männer auf dem Schiff sahen einander beschämt an. Die Nymphe war also einzig und allein gekommen, um die weißen Seerosen zu pflücken, die auf dem Älfwasser schaukelten. Sie war nicht um der römischen Seeleute willen gekommen.

Da zog Silvius Antonius einen Ring vom Finger, stieß einen Ruf aus, der die Nymphe aufblicken ließ und warf ihr den Ring zu. Sie streckte die Hand vor und fing ihn auf. Ihre Augen begannen zu glänzen. Sie streckte die Hand nach mehr aus. Silvius Antonius warf noch einen Ring. Sie warf mit einem Mal die Wasserrosen zurück in den Fluss und trieb den Elenhirsch weiter hinaus ins Wasser. Zuweilen hielt sie an, da kam ein Ring von Silvius Antonius und lockte sie vorwärts.

Plötzlich wich alles Zaudern von ihr. Die Farbe auf ihren Wangen stieg. Sie kam dem Schiff näher, ohne dass man sie zu locken brauchte. Das Elen ging bis zu

den Schultern im Wasser. Und da beugten sich die See-
leute über die Brüstung, um der schönen Nymphe an
Bord zu helfen, für den Fall, dass sie das Verdeck des
Dreiriemers besteigen wollte.

Doch sie sah keinen anderen als Silvius Antonius, der
ringgeziert und perlgeschmückt dastand, prächtig wie
ein Sonnenaufgang. Und als der junge Römer merkte,
dass die Augen der Nymphe auf ihn gerichtet waren,
beugte er sich weiter vor als jeder andere. Man rief ihm
zu, sich zu hüten, festen Fuß zu verlieren und ins Wasser zu stürzen. Aber diese Warnung war vergeblich.
Ungewiss ist es, ob die Nymphe durch einen heftigen
Ruck Silvius Antonius an sich zog oder wie es sonst zu-
ging, genug, er war über Bord, ehe jemand daran denken konnte, ihn zu ergreifen.

Doch war keine Gefahr, dass Silvius Antonius er-
trank. Die Nymphe streckte ihre rosigen Arme aus und
fing ihn auf. Er hatte kaum den Wasserspiegel berührt.
Im selben Augenblicke machte ihr Traber kehrt, stürzte
durchs Wasser fort und verschwand im Wald. Und laut
vernahm man das Lachen der wilden Reiterin, als sie
Silvius Antonius entführte.

Galenas und seine Mannen standen einen Augenblick
lang schreckgelähmt. Wie bei einem Unglück zur See
warfen etliche die Kleider ab, um ans Land zu schwimmen. Galenas gebot ihnen Halt.

»Zweifelsohne ist dies der Götter Wille«, sagte er.
»Um dessentwillen haben sie Silvius Antonius Poppius
durch tausend Stürme hin zu diesem unbekannten
Land gejagt. Lasset uns froh sein, dass wir ein Werkzeug

ihres Willens waren. Aber lasst uns auch nicht versuchen, die Götter zu hindern!«

Und die Seeleute nahmen gehorsam ihre Ruder wieder auf und fuhren den Älf hinan, und zu dem taktmä-
ßigen Schlag der Ruder summten sie leise den Sang von
Arethusas Flucht.

Wenn man nun diese Erzählung beendet hat, muss ja
der Reisende die alte Felsenzeichnung verstehen. Er
muss den Elenhirsch mit dem viel verzweigten Geweih
sehen können und den Dreiriemer mit den langen
Rudern. Man verlangt nicht, dass er Silvius Antonius
Poppius sehe und die schöne Urwaldkönigin, denn um
sie zu sehen, ist es notwendig, dass man mit den Augen
der alten Sagenerzähler sieht.

Und er wird auch verstehen, dass die Felseneinritzung
von dem jungen Römer selbst herrührt und dass es sich
mit der alten Erzählung ebenso verhält. Silvius Antonius
hat sie Wort für Wort seine Nachkommen gelehrt. Er
wusste ja, dass es sie freuen würde zu wissen, dass sie
von den weltberühmten Römern abstammten.

Aber natürlich braucht der Fremde nicht zu glau-
ben, dass eine von Pans Nymphen an diesem Fluss-
ufer gewandelt. Er kann ja begreifen, dass ein wilder
Menschenstamm im Urwald umherzog und dass die
Reiterin des großen Elenhirsches die Tochter des
Königs war, der diese Menschen beherrschte. Als die
Königstochter Silvius Antonius entführte, hatte sie
sicherlich nur seinen Schmuck an sich reißen wollen!
Sie hatte gar nicht an Silvius Antonius gedacht, sie

hatte wohl kaum gewusst, dass er ein Mensch war wie sie!

Und der Reisende kann ja verstehen, dass Silvius Antonius' Name nicht noch heute an diesen Ufern in Erinnerung wäre, wenn er immer derselbe Tor geblieben wäre. Er kann ahnen, dass der junge Römer durch das Unglück und die Not erhoben wurde, und dass er, nachdem er der verachtete Sklave der Wilden gewesen, ihr König ward. Er war es, der auf den Urwald mit Feuer und Stahl losging. Er errichtete den ersten festgezimmerten Hof. Er ließ Schiffe bauen und Saat auswerfen. Er legte den Grund zu der Herrlichkeit des großen Kungahälla.

Und wenn der Reisende dies hört, wird er mit froheren Blicken über die Fluren sehen als früher. Denn obgleich der Stadtgrund sich in Felder und Wiesen verwandelt hat und auf dem Älf keine Segler mehr fahren, ist es doch dieser Boden, der ihn Bilder aus der Vergangenheit sehen und ihn die Luft der Träume atmen lässt.

Sigrid Storråda

Es war einmal ein schöner Frühling. Und das war gerade der Frühling, in dem die schwedische Königin Sigrid Storråda in Kungahälla mit dem norwegischen König Olaf Tryggvason zusammentreffen sollte, um mit ihm über ihre Heirat zu beschließen.

Es war ganz wunderlich, dass König Olaf Königin
Sigrid besitzen wollte, denn freilich war sie reich, schön
und hochgesinnt, aber dabei die ärgste Heidin, während
König Olaf Christ war und nichts anderes im Sinn
hatte, als Kirchen zu bauen und die Menschen zu zwingen, sich taufen zu lassen. Aber vielleicht dachte er, dass
der Herr, Gott in der Höh', sie bekehren würde.

Doch noch wunderlicher war es, dass der Frühling
sogleich begann, als Storråda König Olafs Sendboten
kundgetan hatte, sie wollte nach Kungahälla segeln,
sobald das Meer eisfrei sei. Alle Kälte und aller Schnee
flohen dahin, während sonst um diese Zeit noch strenger Winter zu sein pflegte.

Und als Storråda davon sprach, dass sie anfangen
wollte, ihre Schiffe auszurüsten, verschwand das Eis aus
den Fjorden, die Wiesen begannen zu grünen, und obgleich es noch lange vor Mariä Verkündigung war,
konnte das Vieh hinaus auf die Weide getrieben werden.

Als das Schiff der Königin zwischen den Ostgotland-
inseln hinaus in die Ostsee fuhr, saßen Kuckucke auf
den Klippen und riefen, obschon es noch so früh war,
dass man eigentlich kaum hätte hoffen können, eine
Lerche zu hören.

Und wo Storråda vorbeizog, war große Freude. All
die Riesen, die unter König Olafs Regierung aus Norwegen hatten fliehen müssen, weil sie das Geläute der
Kirchenglocken nicht hören konnten, zogen auf die
Berggipfel, als sie Storråda vorübersegeln sahen. Sie rissen junge Laubbäume mit der Wurzel aus und winkten
mit ihnen der Königin zu, und als sie in ihre Steinhüt-

ten gingen, wo ihre Frauen in Sehnsucht und Kummer
saßen, lachten sie und sagten:

»Nun, Weib, sollst du nicht mehr betrübt sein. Nun
fährt Storråda zu König Olaf. Nun können wir bald
wieder nach Norwegen kommen.«

Als die Königin am Kullaberg vorbeisegelte, kam der
Kullamann aus seiner Berghöhle. Und er ließ den
schwarzen Berg sich auftun, sodass sie die Gold- und
Silberadern dort drinnen sehen konnte, und sie ergötzte
sich an dem Reichtum.

Als Storråda an den Hallandsflüssen vorbeifuhr, trieb
der Nöck seine Fälle und Gießbäche hinab und kam bis
zur Flussmündung und spielte auf seiner Harfe, sodass
die Schiffe auf den Wellen tanzten.

Als sie an der Nidingerklippe vorübersegelte, da lagen
die Meerfrauen da und bliesen in Muscheln, sodass das
Wasser in hohen Schaumpfeilern emporspritzte. Aber
als Gegenwind aufkam, stiegen hässliche Trolle aus der
Tiefe und halfen Storråda das Schiff über die Wellen.
Einige schoben, andre nahmen Seile aus Seegras in den
Mund und spannten sich vor das Schiff wie Pferde.

Die wildesten Wikinger, die König Olaf um ihrer
Arglist willen nicht im Land dulden wollte, kamen zum
Schiff der Königin herangerudert, mit herabgezogenen
Segeln und erhobenen Enterhaken, um Streit zu beginnen. Aber als sie die Königin erkannten, ließen sie sie
unversehrt weiterfahren und riefen ihr nach: »Wir trinken einen Becher auf deine Hochzeit, Storråda.«

Alle Heiden, die an der Küste entlang hausten, legten
Holz auf ihre Steinaltäre und opferten den alten Göttern

Schafe und Ziegen, damit sie Storråda beistehen sollten auf ihrer Fahrt zu dem norwegischen König.

Als die Königin den Nordre Älf hinaufsegelte, kam die Seejungfer an das Schiff geschwommen, streckte ihren weißen Arm aus der Tiefe empor und reichte ihr eine große klare Perle. »Trage sie, Storråda«, sagte sie, »auf dass König Olaf bezaubert werde von deiner Schönheit und dich niemals vergessen kann.«

Als die Königin den Fluss eine kleine Strecke hinaufgefahren war, hörte sie ein starkes Brausen und Tosen, sodass sie meinte, sich einem Wasserfall zu nähern. Je weiter die Königin kam, desto mehr nahm das Lärmen zu, und sie glaubte schließlich, sie käme mitten in eine große Schlacht.

Aber als die Königin an der Gullinsel vorbeiruderte und in eine breite Bucht einbog, sah sie das große Kungahälla am Flussufer liegen.

Die Stadt war so groß, dass, so weit sie auch den Fluss hinaufsah, immer noch Hof an Hof lag. Jeder war ansehnlich und wohlgezimmert, mit vielen Nebengebäuden; schmale Gässchen liefen zwischen den grauen Holzwänden hinab zum Fluss, breite Höfe öffneten sich vor den Häusern, fest gestampfte Wege führten von jedem Haus hinab zur Bootshütte und zu den Brücken.

Storråda befahl ihren Ruderern, die Ruder langsam zu heben. Sie stand hoch im Hintersteven des Schiffes und sah zum Strand. »Nie habe ich etwas Ähnliches gesehen«, sagte sie.

Nun begriff sie, dass das starke Getöse, welches sie gehört, einzig und allein von all der Arbeit kam, die in

Kungahälla im Frühling vor sich ging, wenn die Schiffe ihre langen Fahrten antraten. Sie hörte Schmiede hämmern; die Teigwalker klapperten in der Backstube, Zimmerholzplanken wurden geräuschvoll auf schwere Prahme geladen, junge Burschen entrindeten Mastbäume und hobelten breite Ruderblätter.

Manchen grünen Hof sah sie, wo Mädchen saßen und Seile für die Seefahrenden drehten, wo alte Männer mit der Nadel in der Hand hockten und in graue Friessegel Lappen einsetzten. Sie sah Bootsbauer die neuen Boote teeren. Nägel wurden in starke Eichenplanken geschlagen. Aus den Bootshütten wurden Schiffe geschoben, um verdichtet zu werden. Alte Fahrzeuge wurden mit neu gemalten Drachenbildern geschmückt. Waren wurden aufgestapelt. Leute sagten hastig Lebewohl. Schwer bepackte Schiffskisten wurden an Bord getragen. Schiffe, die schon fertig waren, stießen vom Land ab. Storråda sah, dass die Schiffe, welche den Fluss hinaufruderten, schwere Ladungen von Heringen und Salz mit sich führten, während andere nach Westen dem offenen Meer zusteuerten, hoch mit kostbarem Eichenholz, Häuten und Fellen beladen.

Als die Königin dieses sah, lachte sie vor Freude. Sie sagte, dass sie gerne König Olafs Gemahlin sein wollte, um über eine solche Stadt zu herrschen.

Storråda ruderte zur Brücke des Königshofes. Da stand König Olaf zu ihrem Empfang, und als sie ihm entgegentrat, da schien sie ihm die Schönste, die er je gesehn.

Sie gingen miteinander hinauf zum Königshof, und zwischen ihnen beiden war große Eintracht und

Freundschaft. Und als sie sich zu Tisch setzten, lachte und scherzte Storråda mit dem König die ganze Zeit, während der Bischof das Tischgebet las, und der König lachte und sprach auch, als er sah, dass es Storråda so gefiel.

Als sie die Mahlzeit beendet hatten und alle die Hände falteten, um dem Gebet des Bischofs zu lauschen, begann Storråda dem König von ihren Reichtümern zu erzählen. Sie fuhr damit fort, solange das Tischgebet dauerte. Und der König hörte auf Storråda, aber nicht auf den Bischof.

Der König setzte Storråda auf den Hochsitz, und er selbst ruhte zu ihren Füßen, und Storråda erzählte ihm, wie sie zwei Unterkönige, die es gewagt hatten, um sie zu freien, hatte einschließen und verbrennen lassen. Und der König freute sich und dachte, so sollte es allen Unterkönigen ergehen, die es wagten, um ein solches Weib wie Storråda zu freien.

Als es zur Vesper läutete, erhob sich der König, um nach seiner Gepflogenheit zur Marienkirche zu gehen und dort zu beten. Aber da rief Storråda ihren Skalden, und er sang das Lied von Brünhild, die Sigurd Fafnisbane töten ließ. Und König Olaf ging nicht in die Kirche, sondern saß da und betrachtete Storrådas mächtige Augen und sah, wie dicht die schwarzen Augenbrauen sich abzeichneten. Da begriff er, dass Storråda Brünhild war und dass sie ihn töten würde, wenn er ungetreu wäre. Er dachte auch, dass sie das Weib dazu war, sich zusammen mit ihm auf einem Scheiterhaufen verbrennen zu lassen. Während in der

Marienkirche zu Kungahälla die Priester die Messe
lasen und beteten, saß König Olaf und dachte, dass er
wohl nach Walhall reiten wollte, mit Storråda vor sich
auf dem Pferd.

Nachts hatte der Fährmann am Älfhügel, der die
Leute in seinem Nachen über den Götaälf brachte, mehr
zu tun, denn je zuvor. Einmal ums andere wurde er
hinüber zum andern Ufer gerufen, aber wenn er hinkam, war nie jemand zu sehen. Doch hörte er Schritte
rings um sich, und das Boot wurde so schwer, dass es
beinahe sank. Er fuhr die ganze Nacht hin und her und
wusste nicht, was das bedeuten sollte. Aber am Morgen
war der Sand am Flussufer voll kleiner Fußstapfen, und
in den Fußstapfen fand der Fährmann kleine welke
Blätter, die, als er sie näher betrachtete, sich als eitel
Gold erwiesen. Da wurde es ihm klar, dass all die
Kobolde und Heinzelmännchen, die um des Christen-
tums willen aus Norwegen geflohen waren, nun wie-
dergekehrt waren.

Aber der Riese, der im Fontinsberge östlich von Kungahälla hauste, nahm große Steinblöcke und warf Block
um Block gegen den Turm der Marienkirche, solange
die Nacht währte. Wäre der Riese nicht so stark gewesen, dass alle seine Steine über den Fluss flogen und weit
weg in Hisingen niederfielen, hätte ein großer Schaden
daraus entstehen können.

König Olaf hatte die Gepflogenheit, jeden Morgen
zur Messe zu gehen, aber da Storråda in Kungahälla
war, meinte er keine Zeit dazu zu haben. Sowie er auf-
gestanden war, wollte er sogleich hinab zum Hafen ge-

hen, wo sie auf ihrem Schiff wohnte, um sie zu fragen, ob sie am Abend ihr Verlöbnis mit ihm feiern wolle.

Der Bischof hatte den ganzen Morgen die Glocken in der Marienkirche läuten lassen; und als der König aus dem Königshof trat und über den Markt ging, da wurden die Kirchentüren weit geöffnet, und lieblicher Gesang strömte ihm entgegen. Aber der König ging weiter, als hätte er nichts gehört. Da ließ der Bischof die Glocken innehalten; der Gesang hörte auf, und die Lichter erloschen.

Das kam so plötzlich, dass der König einen Augenblick stehen blieb und zurück zur Kirche sah. Es dünkte ihn, dass die Kirche unansehnlicher war, als er je zuvor gemerkt hatte. Sie war niedriger als andere Häuser in der Stadt; das Dach lag schwer über den fensterlosen Wänden, das Tor war niedrig und dunkel, mit einem kleinen Schutzdach aus Tannenrinde. Wie der König so stand, kam eine junge, zarte Frau aus der dunklen Kirchentür. Sie war in einen roten Rock und einen blauen Mantel gekleidet und trug ein blond gelocktes Kind auf dem Arm. Ihre Tracht war dürftig, aber dem König erschien sie wie eine edelgeborene Frau. Sie war hoch und von schöner Gestalt, und sie hatte ein holdseliges Antlitz. Der König sah mit großer Rührung, wie die junge Frau ihr Kind an sich drückte und es mit solcher Liebe trug, als gäbe es nichts Lieberes und Köstlicheres auf der Welt.

Als die Frau an das Tor gekommen war, wandte sie das holde Antlitz und sah zurück in die dämmerige arme Kirche, mit großer Sehnsucht im Blick. Als sie sich dann wieder zum Marktplatz wandte, hatte sie Tränen in den Augen. Aber als sie über die Schwelle gehen sollte, hinaus auf den Marktplatz, da verließ sie der Mut. Sie stützte sich an den Türpfosten und sah auf das Kind mit solcher Angst, als wollte sie sagen: »Wo, wo in der ganzen weiten Welt sollen nun wir beide ein Dach über unserem Haupt haben?«

Der König stand noch immer unbeweglich und betrachtete die Heimatlose. Was ihn am meisten rührte, war das Kind, das ganz sorglos in ihren Armen saß, eine Blume zu ihrem Gesicht emporstreckte, um ihr ein Lächeln zu entlocken. Und da sah er, dass sie die Sorge aus ihren Gesichtszügen zu verdrängen suchte, um dem Sohn zuzulächeln.

›Wer ist diese Frau‹, dachte der König, ›es dünkt mich, dass ich sie schon zuvor gesehen habe. Zweifelsohne ist sie eine hochgeborene Frau, die in Not geraten ist.‹

So eilig der König es auch hatte, zu Storråda zu kommen, konnte er doch seine Augen nicht von der Frau abwenden. Er musste immerzu nachdenken, wo er schon früher so milde Augen gesehen hatte und ein so lieblich geformtes Antlitz.

Noch immer stand die Frau in der Kirchentür, als könnte sie sich nicht von dort losreißen. Da ging der König auf sie zu und fragte: »Warum bist du so betrübt?«

»Ich bin aus meinem Heim vertrieben«, sagte die Frau und wies hinein in das dunkle kleine Kirchlein. Der König meinte, sie hätte sich in der Kirche aufgehalten, weil sie keine andere Wohnstätte besaß. Er fragte weiter: »Wer hat dich vertrieben?«

Da sah sie ihn mit unsäglicher Betrübnis an.

»Weißt du es nicht?«, fragte sie.

Aber da wandte sich der König von ihr ab. Er hatte keine Zeit, er wollte nicht stehen und Rätsel raten. Glaubte die Frau etwa, er hätte sie vertrieben? Er konnte nicht begreifen, was sie wollte.

Der König ging rasch weiter. Er kam hinab zur Königsbrücke, wo Storrådas Schiffe verankert lagen. Unten am Hafen begegnete er den Dienern der Königin, die alle Goldstreifen an den Gewändern hatten und Silberhelme auf dem Haupt.

Storråda stand hoch auf dem Schiff und blickte hinaus über Kungahälla und freute sich an seiner Macht und seinem Reichtum. Sie stand da und sah auf die Stadt hinab, als betrachtete sie sich schon als ihre Königin.

Aber als der König Storråda sah, dachte er sogleich an die holde Frau, die arm und elend aus der Kirche gekommen war. Was ist das, dachte er, mir ist, als ob sie schöner wäre als Storråda.

Als Storråda ihm nun zulächelte, musste er daran denken, wie die Tränen in den Augen der anderen Frau geglänzt hatten.

König Olaf hatte das Antlitz der Fremden so deutlich vor sich, dass er Storrådas Gesicht Zug um Zug damit vergleichen konnte, und als er so verglich, da verschwand alle Schönheit Storrådas. Er sah, dass Storrådas Augen grausam waren und ihr Mund wollüstig. In jedem Zuge ihres Gesichts spürte er eine Sünde. Er sah wohl noch immer, dass sie schön war, doch er fand kein Gefallen mehr an ihrem Anblick. Er begann sie zu verabscheuen, als wäre sie eine glänzende Giftschlange.

Als die Königin den König kommen sah, zog ein stolzes Lächeln über ihre Lippen.

»Ich habe dich nicht so zeitig erwartet, König Olaf«, sagte sie. »Ich glaubte, du würdest in der Messe sein.«

Da überkam den König die Lust, Storråda zu reizen und alles zu tun, was sie nicht wollte.

»Die Messe hat noch nicht begonnen«, sagte er. »Ich komme, um dich zu bitten, dass du mich in das Haus meines Gottes begleitest.«

Als der König dies sagte, sah er, dass in Storrådas Augen ein stechendes Leuchten kam, aber sie lächelte noch immer.

»Komm lieber hierher auf das Schiff«, sagte sie. »Ich will dir die Angebinde zeigen, die ich für dich mitgebracht habe.«

Sie hob ein goldenes Schwert auf, um ihn damit zu locken, aber der König vermeinte, noch immer die andere Frau neben ihr zu sehen. Und es war ihm, als ob Storråda über ihren Schätzen stand wie ein abscheulicher Drache.

»Ich will zuerst wissen«, sagte der König, »ob du mit mir in die Kirche gehen willst.«

»Was sollte ich in deiner Kirche?«, fragte sie und sah spöttisch aus.

Da merkte sie, dass des Königs Augenbrauen sich zusammenzogen, und sie begriff, dass er nicht desselben Sinnes war wie am vorhergehenden Tag. Sie änderte sogleich ihr Betragen und wurde milde und versöhnlich.

»Geh du in die Kirche, sooft dein Sinn begehrt«, sagte sie, »wenn auch ich nicht gehe. Um dessentwillen braucht kein Unfrieden zwischen uns zu entstehen.« Die Königin stieg von dem Schiff herab und kam auf den König zu. Sie hielt in der Hand ein Schwert und einen pelzverbrämten Mantel, den sie ihm zum Angebinde geben wollte.

Gerade in demselben Augenblick sah der König zufällig nach dem Hafen. In weiter Ferne sah er die andere Frau herankommen. Sie ging gebeugt, mit müden Schritten, noch immer mit dem Kind auf dem Arm.

»Was ist es, wonach du so eifrig Ausschau hältst, König Olaf?«, fragte Storråda.

Da blickte die andere Frau den König an, und wie sie ihn anblickte, glaubte er zu sehen, dass über ihrem Haupt und dem des Kindes goldene Lichtringe aufflammten, schöner als alles Geschmeide von Königen und Königinnen. Aber gleich darauf schritt sie wieder der Stadt zu, und er sah sie nicht mehr.

»Was ist es, wonach du so eifrig blickst, König Olaf?«, fragte Storråda noch einmal.

Aber als König Olaf sich der Königin zuwandte, da sah er sie alt und hässlich, von aller Arglist und Sünde der Welt umgeben, und er erschrak darüber, dass er beinahe in ihre Netze gefallen wäre.

Er hatte den Handschuh abgestreift, um ihr die Hand zu reichen. Aber nun nahm er den Handschuh und schlug ihn ihr ins Gesicht. »Was soll ich mit dir, du alte heidnische Hexe?«, sagte er.

Da fuhr Storråda drei Schritte zurück. Aber sie fasste
sich rasch und antwortete: »Dieser Schlag wird dein
Fluch werden, Olaf Tryggvason.«

Und sie war rot wie die Hölle, als sie sich von ihm
abwandte und das Schiff bestieg.

In der nächsten Nacht hatte König Olaf einen seltsamen
Traum.

Was er vor sich sah, war nicht die Erde, sondern der
Meeresgrund. Es war ein grünlich gelber Boden, über
dem das Wasser viele Ellen hoch stand. Er sah Fische
nach Raub schwimmen, Schiffe sah er oben auf dem
Wasserspiegel wie dunkle Wolken vorbeigleiten, und
die Sonnenscheibe sah er matt blinken wie einen bleichen Mond. Da kam die Frau, die er in der Kirchentür
gesehen, unten auf dem Meeresgrund gegangen. Sie
hatte dieselbe geneigte Haltung und dieselben abgetra-
genen Kleider wie am Tag, als er ihr zuletzt begegnet
war, und ihr Gesicht war noch immer voll Kummer.

Aber wie sie auf dem Meeresgrunde ging, teilte sich
das Wasser vor ihr. Er sah, wie es sich gleichsam vor
Ehrfurcht zu einer Wölbung erhob und zu Pfeilern zu-
sammenschloss, sodass die Frau wie durch den herr-
lichsten Tempelsaal ging.

Plötzlich sah der König, dass das Wasser, welches sich
über der Frau erhob, anfing, die Farbe zu ändern. Die
Säulen und Gewölbe wurden zuerst hellrot, nahmen
aber rasch eine immer tiefere Färbung an. Das ganze
Meer ringsum war auch rot, als wäre es in Blut verwandelt worden. Auf dem Meeresgrund, über den die Frau

schritt, sah der König zerbrochene Schwerter und Pfeile, gesprungene Bogen und Lanzen. Zuerst waren ihrer nicht viele, aber je weiter sie in das rote Wasser wanderte, desto dichter lagen sie gehäuft.

Der König sah bebend, wie die Frau vom Weg abwich, um nicht auf einen toten Mann zu treten, der auf dem grünen Tangbett ausgestreckt lag. Der Mann trug einen Harnisch, er hatte ein Schwert in der Hand und eine tiefe Wunde im Kopf.

Dem König schien es, dass die Frau die Augen schloss, um nichts zu sehen. Sie strebte einem bestimmten Ziel zu, ohne Zögern und Angst. Aber er, der Träumende, konnte die Augen nicht abwenden.

Er sah den ganzen Meeresgrund mit Trümmern übersät. Er sah schwere Schiffsanker; dicke Seile krümmten sich wie Schlangen, Schiffe lagen da mit geborstenem Bugspriet; die goldenen Drachenköpfe, die den Steven geziert hatten, blickten ihn aus roten, drohenden Augen an.

Ich möchte wohl wissen, wer hier eine Schlacht zur See gekämpft und all dies der Vergänglichkeit zum Raub gelassen hat, dachte der Träumende.

Überall sah er Tote; sie hingen über die Schiffsgeländer hinab oder lagen in dem üppigen Tang versunken. Aber er hatte nicht viel Zeit, sie zu betrachten, weil er der Frau nachsehen musste, die noch immer weiterwanderte.

Endlich sah der König sie vor einem toten Mann stehen bleiben. Er hatte einen roten Leibrock, einen blanken Helm auf dem Haupt, der Schild war über den Arm gezogen, und ein bloßes Schwert hielt er in der Hand.

Die Frau beugte sich über ihn und flüsterte, als wolle sie einen Schlafenden wecken: »König Olaf! König Olaf!«

Da sah der Träumende, dass der Mann auf dem Meeresgrund er selbst war. Er erkannte deutlich, dass er der Tote war.

»König Olaf«, flüsterte die Frau noch einmal, »ich bin es, die du vor der Kirche in Kungahälla sahst. Kennst du mich nicht?«

Als der Tote noch immer unbeweglich lag, warf sie sich neben ihm auf die Knie und flüsterte ihm ins Ohr:

»Nun hat Storråda ihre Flotte gegen dich ausgesandt und Rache an dir genommen. Bereust du, König Olaf?«

Noch einmal fragte sie: »Nun leidest du des Todes Bitterkeit, weil du mich wähltest und nicht Storråda. Bereust du es? Bereust du es?«

Da schlug der Tote endlich die Augen auf, und die Frau half ihm, sich aufzurichten. Er stützte sich auf ihre Schulter, und sie wanderte langsam mit ihm fort. Wieder sah König Olaf sie wandern und wandern, durch Nacht und Tag, durch Meer und Land. Endlich vermeinte er zu sehen, dass sie weiter gekommen waren als die Wolken und höher als die Sterne.

Sie wanderten in einem Lustgarten, wo der Boden leuchtete wie weißes Licht und die Blumen blank waren wie Tautropfen.

Der König sah, dass die Frau, als sie den Lustgarten betrat, den Kopf erhob, und dass ihr Gang leichter wurde. Als sie ein Stück weitergegangen war, begannen ihre Kleider zu strahlen. Er sah, wie sie von Goldstreifen und von bunten Farben erleuchtet wurden.

Er sah auch, dass ein Strahl um ihren Scheitel aufflammte und ihr Antlitz beglänzte.

Aber der Gefallene, der sich auf ihre Schulter stützte, hob den Kopf und fragte: »Wer bist du?«

»Weißt du es nicht, König Olaf?«, antwortete sie da, und unendliche Hoheit und Herrlichkeit umgaben ihr Wesen.

Aber der König ward dabei im Traum von großer Freude erfüllt, dass er den Dienst der holden Himmelskönigin erwählt hatte. Das war eine Freude, wie er sie nie zuvor erfahren, und sie war so stark, dass sie ihn erweckte.

Als er aufwachte, fühlte er Tränen sein Antlitz benetzen, und er lag da, die Hände zum Gebet gefaltet.

Astrid

Zwischen den niedrigen Häuschen des alten Königshofes zu Uppsala stand der Jungfernturm. Der war auf Pfosten erhoben, so wie ein Taubenschlag. Man kam hinauf über eine Treppe, so steil wie eine Leiter, und trat ein durch eine Tür, so niedrig wie eine Luke. Die Wände dort drinnen waren mit Runen bedeckt, die Liebe und Sehnsucht bedeuten sollten. An den engen Gucklöchern sah man kleine runde Gruben in die Holzverschalung gedrückt, denn dort pflegten die Mägdlein zu stehen mit aufgestützten Ellenbogen und hinab auf den Hofplan zu schauen.

Seit einigen Tagen beherbergte der Königshof den alten Hjalte, den Skalden, als Gast, und er kam jeden Tag hinauf in den Jungfernturm zu Prinzessin Ingegerd und sprach mit ihr vom König in Norwegen, Olaf Haraldson. Und jedes Mal, wenn Hjalte kam, saß Ingegerds Magd Astrid da und hörte auf seine Rede mit ebenso großer Freude wie die Prinzessin. Während Hjalte sprach, lauschten die beiden Jungfrauen so eifrig, dass sie die Arbeit in den Schoß sinken ließen und die Hände still hielten. Wer sie sah, hätte nicht geglaubt, dass da im Jungfernturm irgendwelche Frauenarbeit verrichtet wurde. Man würde auch nicht geglaubt haben, dass sie Hjaltes Worte aufsammelten, als wären es Seidenfäden, und dass jede daraus ihr Bild von König Olaf formte. Man hätte nicht geglaubt, dass jede in Gedanken die Worte des Skalden zu einem strahlenden Wandbehang verwebte.

Aber auf alle Fälle war es so, und das Bild war so schön, dass die Prinzessin jedes Mal, wenn sie es vor sich sah, voll Verehrung auf die Knie hätte sinken mögen. Denn sie sah den König kronengeschmückt auf seinem Thron sitzen; sie sah einen rot- und goldgestickten Mantel von seinen Schultern bis hinab auf seine Füße wallen. Sie sah kein Schwert in seiner Hand, sondern heilige Schriften, und sein Thron wurde von einem unterjochten Troll getragen. Weiß wie Wachs schimmerte sein Antlitz, umrahmt von langen, glatten Locken, und seine Augen leuchteten von Frömmigkeit und Frieden. Ach, sie erschrak beinahe, als sie die übermenschliche Kraft sah, die aus diesem bleichen Angesicht leuchtete. Sie begriff, dass König Olaf nicht allein ein König, sondern ein Heiliger war und den Engeln gleich.

Aber so war keineswegs das Bild, das Astrid sich vom König schuf. Die blondhaarige Magd, die Kälte und Hunger gekostet und viele Mühe ertragen hatte, aber dennoch diejenige war, welche den Jungfernturm mit Scherz und Gaukelspiel erfüllte, dachte sich den König ganz anders. Sie konnte sich nicht helfen, aber jedes Mal, wenn sie von ihm sprechen hörte, musste sie den Jungen des Holzhauers vor sich sehen, der des Abends aus dem Wald kam, mit der Axt auf der Schulter. »Ich sehe dich, ich sehe dich so gut«, sagte Astrid zu dem Bild, ganz als stünde da wirklich jemand vor ihr. »Hoch bist du nicht, aber schulterbreit und leicht und geschmeidig, und nachdem du den ganzen gottlieben Tag im Waldesdunkel gegangen bist, nimmst du das letzte Stück mit einem Satz und lachst und springst hoch, wenn du hinaus auf den Weg kommst. Da blitzen die Zähne, und das Haar fliegt, und das gefällt mir wohl. Ich sehe dich, du hast ein rotwangiges Gesicht und Sommersprossen über der Nase. Und blaue Augen hast du, die dunkel und düster werden, drinnen im tiefen Wald, aber siehst du das Tal und dein Heim, da leuchten sie auf und werden milde. Sobald du deine eigene Hütte im Talgrund siehst, schwenkst du die Mütze und grüßest, und da sehe ich deine Stirn. Sollte diese Stirn nicht einem König taugen? Sollte diese breite Stirn nicht Krone und Helm tragen können?«

Aber so verschieden diese Bilder auch waren, ist doch eines gewiss: Ebenso tief wie die Prinzessin das heilige Bild liebte, das sie heraufbeschwor, liebte die arme Magd den kecken, jungen Gesellen, den sie aus dem tiefen Wald auf sich zukommen sah.

Und wenn Hjalte, der Skalde, die beiden Bilder zu sehen bekommen hätte, würde er sie gewisslich beide gepriesen haben. Er hatte gesagt, dass sie beide dem König glichen. Denn König Olafs guter Stern, würde er gesagt haben, hat es gewollt, dass er ein frischer, munterer Jüngling ist und zugleich ein heiliger Held Gottes.

Der alte Hjalte liebte König Olaf, und obgleich er von Hof zu Hof gezogen und gar viele Menschen gesehen, hatte er doch niemals seinesgleichen finden können. »Wo finde ich einen, der mich Olaf Haraldson vergessen lässt?«, pflegte er zu sagen. »Wo soll ich einem trefflicheren Mann begegnen?«

Hjalte, der Skalde, war ein rauer alter Mann von barschem Aussehen. So alt er auch war, hatte er doch schwarzes Haar, seine Gesichtsfarbe war dunkel und sein Blick scharf. Und sein Singen hatte immer gar wohl zu seinem Aussehen gepasst. Nie waren andre Worte über seine Lippen gekommen als Kampfworte. Er hatte niemals andere Lieder gedichtet als Kampflieder.

Des alten Hjaltes Herz war bis dahin gewesen wie die Wildnis vor der Hütte des Waldbewohners. Wie eine große Steinhalde war es gewesen, aus der nichts anderes wachsen will als mageres Schlangenkraut und hartes Felsengras.

Aber auf seinen Wanderungen war Hjalte an den Hof von Uppsala gekommen. Er hatte Prinzessin Ingegerd gesehen und gefunden, dass sie edler war als jedes andere Weib. Wahrlich, war nicht die Prinzessin eben umso vieles holder als andere Frauen, wie König Olaf herrlicher war als andere Männer?

Da hatte Hjalte ganz plötzlich den Gedanken, dass er es versuchen sollte, Liebe zwischen der schwedischen Prinzessin und dem norwegischen König zu wecken. Er fragte sich, warum sie, die zuoberst bei den Frauen stand, nicht König Olaf lieben sollte, der unter den Männern der trefflichste war.

Und nachdem dieser Gedanke in Hjalte Wurzel geschlagen hatte, dichtete er nicht mehr seine finsteren Heldengesänge. Er stand davon ab, Preis und Ehre bei den rauen Kämpen am Hofe zu Uppsala zu gewinnen, und saß lange Stunden bei den Frauen im Jungfernturm. Man würde nicht geglaubt haben, dass es Hjalte war, der sprach. Man würde nicht geglaubt haben, dass er so süße und milde Worte finden konnte, wie er sie jetzt fand, um von König Olaf zu sprechen. Niemand hätte Hjalte wiedererkannt. Seit der Gedanke an diesen Ehebund in ihm lebte, war er völlig verwandelt. Es war, als wüchse eine farbenprächtige Rose mit duftenden, zarten Blättern aus einer Steinhalde empor.

Eines Tages saß Hjalte wieder bei der Prinzessin im Jungfernturm. Alle Jungfrauen waren fortgegangen, mit Ausnahme von Astrid. Hjalte dachte, dass er nun lange genug von Olaf Haraldson gesprochen. Er hatte von ihm alles Schöne gesagt, das er wusste. Aber hatte es nun etwas gefruchtet? Was dachte die Prinzessin von dem König? Hjalte begann der Prinzessin Fallen zu legen, um ihre Meinung über König Olaf zu erfahren. Ich werde es an einem Blick sehen können oder an einem Erröten, dachte er.

Aber die Prinzessin war von hoher Abstammung und verstand es, ihre Gedanken zu verbergen. Sie errötete weder, noch lächelte sie. Ihre Augen nahmen keinen Strahlenglanz an. Sie ließ Hjalte nicht ahnen, was sie dachte.

Während der Skalde in ihr edles Antlitz blickte, begann er sich seiner selbst zu schämen. Sie ist zu gut, als dass man trachten sollte, sie zu überrumpeln, dachte er. Man muss ihr im offenen Kampf gegenübertreten. Und Hjalte sagte gerade heraus: »Königstochter, wenn Olaf Haraldson dich von deinem Vater begehrte, was würdest du dazu sagen?«

Der jungen Prinzessin Antlitz leuchtete auf, wie die Gesichter von Menschen aufleuchten, wenn sie auf einen Berg kommen und das Meer schauen. Sie antwortete sogleich ohne Umschweife.

»Ist er ein solcher König und ein solcher Christ, wie du gesagt hast, Hjalte, dann wäre das für mich ein großes Glück.«

Aber kaum hatte sie dies gesagt, als der Glanz in ihren Augen erlosch. Man hätte glauben können, dass eine Nebelwand sich zwischen sie und das große schöne Bild in der Ferne geschoben hätte.

»Ach, Hjalte«, sagte sie, »du vergisst eines: König Olaf ist unser Feind. Krieg und nicht Freiersbotschaft haben wir von ihm zu erwarten.«

»Lass dich dadurch nicht betrüben«, sagte Hjalte. »Wenn nur du es willst, so ist alles gut. Ich kenne König Olafs Willen in dieser Sache.«

Hjalte, der Skalde, war so vergnügt, dass er lachte, als er dieses sagte, aber die Prinzessin wurde immer niedergeschlagener.

»Nein«, sagte sie, »weder von mir, noch von König Olaf hängt es ab, sondern von meinem Vater Olof Schoßkönig. Und du weißt, dass er Olaf Haraldson hasst und nicht einmal gestattet, dass jemand seinen Namen nennt. Nie lässt er mich einem Feind seines Reiches folgen. Nie gibt er seine Tochter Olaf Haraldson.«

Als die Prinzessin dieses gesagt hatte, legte sie all ihren Stolz ab und begann vor Hjalte zu klagen. »Was hilft es mir, dass ich nun Olaf Haraldson kenne«, sagte sie, »dass ich alle Nächte von ihm träume und mich alle Tage nach ihm sehne! Wäre es nicht besser gewesen, ich hätte nie etwas von ihm gehört? Wäre es nicht besser gewesen, du wärest nie hergekommen, um mit mir von ihm zu sprechen?«

Als die Prinzessin dies sagte, füllten sich ihre Augen mit Tränen, und als Hjalte diese Tränen sah, erhob er im Eifer die Hand.

»Gott will es«, rief er. »Ihr gehört zusammen. Der Streit muss seinen roten Mantel mit den weißen Gewändern des Friedens vertauschen, auf dass euer Glück die Erde erfreue.«

Als Hjalte dies sagte, neigte die Prinzessin zuerst ihr Haupt vor Gottes hohem Namen, dann erhob sie es in neu erwachter Hoffnung.

Als der alte Hjalte aus der niedrigen Tür des Jungfernturmes trat und über den schmalen Gang ging, der nicht durch das kleinste Geländer geschützt wurde, kam Astrid ihm nach.

»O, Hjalte«, rief sie ihm zu. »Warum fragst du nicht mich, was ich Olaf Haraldson antworten würde, wenn er meine Hand begehrte?«

Es war das erste Mal, dass Astrid zu Hjalte sprach. Aber Hjalte warf bloß einen raschen Blick auf die goldhaarige Magd, die das Haar an den Schläfen und im Nacken lockig trug, die die breitesten Armbänder und die schwersten Ohrgehänge hatte, die den Rock mit Seidenschnüren gebunden trug und das Leibchen so mit Perlen bespickt, dass es steif war wie ein Harnisch, dann ging er weiter, ohne zu antworten.

»Warum fragst du nur die Prinzessin Ingegerd?«, fuhr Astrid fort. »Warum fragst du nicht auch mich? Weißt du denn nicht, dass auch ich des Sveakönigs Tochter bin?«

»Weißt du nicht«, fuhr sie fort, da Hjalte gar nichts erwiderte, »dass, obgleich meine Mutter eine Hörige war, sie doch des Königs Jugendbraut wurde? Weißt du nicht, dass, solange sie lebte, niemand wagte, sich ihrer Geburt zu entsinnen? O, Hjalte, weißt du nicht, dass erst, als sie tot war und der König eine Königin hatte, alle sich erinnerten, dass sie eine Unfreie war? Erst nachdem ich eine Stiefmutter bekommen hatte, fing

der König an, daran zu denken, dass ich von niedriger
Herkunft war. Aber bin ich nicht eine Königstochter,
Hjalte, obgleich mein Vater mich so gering und ver-
ächtlich ansieht, dass er mich zu dem Gesinde tat? Bin
ich nicht eine Königstochter, wenn meine Stiefmutter
mich auch in Lumpen gehen ließ, während meine
Schwester in Goldkleidern ging? Bin ich nicht eine
Königstochter, trotzdem meine Stiefmutter mich Enten
und Gänse hüten ließ und trotzdem ich mit der Ge-
sindepeitsche gestraft wurde? Und wenn ich eine Königstochter bin, warum fragst du mich nicht, ob ich mich
Olaf Haraldson vermählen will? Sieh, ich habe krauses
Goldhaar, das so leicht um meinen Kopf steht wie
Flaum. Sieh, ich habe schöne Augen, ich habe blühende
Wangen. Warum sollte König Olaf mich nicht besitzen
wollen?« Sie folgte Hjalte über den Hof bis zum Königshaus. Aber Hjalte achtete ebenso wenig auf ihre Klage,
als ein gewappneter Kämpe der Steinwürfe eines Knaben achtet. Er lauschte der goldgelockten Magd nicht
mehr, als wäre sie die schnatternde Elster der Baum-
wipfel gewesen.

Niemand darf glauben, dass Hjalte sich damit begnügte,
dass er Ingegerd für seinen König gewonnen hatte.
Nein, am folgenden Tag nahm der alte Isländer all seinen Mut zusammen und sprach mit Olof Schoßkönig
von Olaf Haraldson. Aber Hjalte konnte kaum zu
Worte kommen; der König unterbrach den Skalden,
sowie dieser von seinem Feind sprechen wollte. Hjalte
sah ein, dass die edle Prinzessin recht hatte. Nie glaubte

er größerem Hass begegnet zu sein. »Aber diese Heirat muss doch geschehen«, sagte Hjalte. »Es ist Gottes Wille, Gottes Wille.«

Und es sah ganz so aus, als hätte Hjalte recht. Wenige Tage später kam ein Bote vom König Olaf von Norwegen, um Frieden mit den Schweden auszuhandeln. Und Hjalte suchte diesen Sendboten auf und sagte ihm, dass der Friede zwischen den beiden Ländern nicht besser befestigt werden könne als durch eine Heirat zwischen Prinzessin Ingegerd und Olaf Haraldson.

Der Sendbote glaubte wohl kaum, dass der alte Hjalte eines Mägdleins Sinn einem fremden Mann hatte zuwenden können, aber er sah trotzdem ein, dass der Vorschlag gut war. Und er versprach Hjalte, diesen Ehevorschlag Olof Schoßkönig auf dem großen Winterthing zu Uppsala vorzutragen.

Gleich darauf verließ Hjalte Uppsala. Er zog umher von Hof zu Hof auf der weiten Ebene. Er drang tief in die Wälder ein. Er kam bis zum Meeresstrand.

Nie traf Hjalte einen Menschen, ohne von Olaf Haraldson und Prinzessin Ingegerd zu sprechen. »Hast du je von einem ausgezeichneteren Mann oder von einem holdseligeren Weib gehört?«, sagte er. »Sicherlich ist es Gottes Wille, dass sie zusammen durchs Leben wandeln sollen.« Hjalte kam zu alten Wikingern, die an der Meeresküste überwinterten und die ehemals an jedem Strand Frauen geraubt hatten. Er sprach mit ihnen von der schönen Prinzessin, bis sie aufsprangen und, die Hand am Schwertgriff, ihm gelobten, dass sie ihr zu ihrem Glück verhelfen wollten.

Hjalte ging zu alten herrischen Bauersleuten, die nie
den Klagen ihrer eigenen Töchter gelauscht, sondern
sie so verheiratet hatten, wie es die Klugheit und die
Ehre des Geschlechts erheischten, und er sprach mit
ihnen so weislich von Frieden und Eheschließung, dass
sie schworen, eher dem König das Reich zu nehmen,
als dass eine solche Verbindung nicht zustande kommen sollte.

Aber dem jungen Weibervolk sagte Hjalte so innige
Worte von Olaf Haraldson, dass sie gelobten, niemals
mit Wohlgefallen auf einen Jüngling zu blicken, der
nicht auf dem Thing dem Sendboten beistand und dazu
half, des großen Königs Widerstand zu brechen. So ging
Hjalte umher und sprach, bis der Winterthing sich versammeln sollte und das Volk auf beschneiten Wegen
hinabzog zu den großen Thinghügeln in Uppsala.

Und als der Thing eröffnet wurde, da war der Eifer
des Volkes so groß, dass es war, als müssten die Sterne
am Himmel erlöschen, wenn diese Heirat nicht be-
schlossen wurde.

Und obgleich der König zweimal ein barsches Nein
zu Frieden wie zu Freierei sagte, was half das? Was half
es, dass er König Olafs Namen nicht nennen hören
wollte? »Wir wollen nicht Krieg mit Norwegen führen«,
rief das Volk. »Wir wollen, dass diese beiden, die von
allen am höchsten gehalten werden, gemeinsam durch
das Leben wandern!« Und was konnte der alte Olof
Schoßkönig tun, als das Volk gegen ihn losbrach mit
Drohungen und harten Worten und Waffenlärm? Was
konnte er tun, als er vor sich nichts anderes sah als ge-

zückte Schwerter und rasende Menschen? Musste er
nicht seine Tochter versprechen, wollte er Krone und
Leben behalten? Musste er nicht schwören, im nächsten
Sommer die Prinzessin nach Kungahälla zu König Olaf
zu schicken?

Seht, auf solche Weise wurde Ingegerds Liebe von
allem Volk gefördert. Aber niemand war da, der Astrid
zu helfen suchte, ihr Glück zu erreichen; kein Mensch
fand sich, der nach ihrer Liebe fragte. Und doch lebte
diese Liebe wie das Kind der armen Fischerwitwe in
Not und Entbehrung, aber sie wuchs doch froh und
hoffnungsvoll heran. Sie wuchs und lebte, denn in
Astrids Seele gab es wie am Meer frische Luft und Licht,
und üppigen Schaum und Wogenschwall.

In dem reichen Kungahälla, weit weg an der Grenze lag
ein großer, alter Königshof, der war von einem hohen,
torfverkleideten Wall umgeben. Vor den Toren standen
gewaltige Grabdenkmäler Wacht, und drinnen wuchs
eine Eiche, die dem ganzen Hof des Königs Schatten
gab. Auf dem ganzen Gebiet innerhalb des Walles
standen lange, niedrige Holzgebäude. Sie waren so alt,
dass auf den Dachfirsten Moosflechten wuchsen. Die
Balken der Wände waren vor Alter silberweiß. Die Torf-
dächer grünten und blühten; der Hauslauch saß so dicht
wie die Schuppen auf einem Fisch; das Riedgras fand
kaum Raum, ein paar vereinzelte Halme dazwischen
hervorzustecken.

Zu Beginn des Sommers kam Olaf Haraldson nach
Kungahälla, und in dem großen, alten Königshof sam-

melte er alles ein, was erforderlich war, um Hochzeit zu feiern. Die lange Straße hinauf zogen da ein paar Wochen hindurch lange Reihen von Bauern, die auf ihren Pferdchen Butter in Butten brachten und Käse in Säcken, Hopfen, Salz, Rüben und Mehl.

Als diese Fuhren endlich aufhörten, kamen ein paar Wochen lang die Hochzeitsgäste über die Straße gezogen. Da kamen hochgewachsene Männer und Frauen zu Pferde mit großem Gefolge von Dienern und Knechten. Hierauf folgten Scharen von Gauklern, von Liedersängern und Sagenerzählern. Kaufleute kamen aus dem fernen Deutschland und Russland, um den König zu verlocken, Brautgaben zu kaufen. Nachdem diese Züge zwei Wochen durch die Stadt gezogen waren, wartete man nur noch auf den letzten Zug, den Brautzug.

Aber der Zug der Braut wollte und wollte nicht kommen. Jeden Tag hoffte man, dass die Braut an der Königsbrücke ans Land steigen würde, um dann, geführt von Pfeifern und Trommlern, von fröhlichen, jungen Knappen und ernsten Priestern, die Straße zum Königshof hinanzuschreiten. Doch der Brautzug kam nicht.

Als die Braut so lange auf sich warten ließ, suchten aller Blicke König Olaf, um zu sehen, ob er von Unruhe gequält wurde. Aber der König zeigte ein ruhiges Antlitz. »Wenn Gott will«, sagte der König, »dass ich dieses schöne Weib besitzen soll, dann muss sie wohl kommen.« Und der König wartete, indes das Gras auf den Wiesen gemäht wurde und die Kornblume im Roggenfeld erblühte.

Der König wartete noch, als der Flachs aus der Erde gerissen wurde und als die Hopfenranken auf den hohen Stangen sich gelb färbten.

Er wartete noch, als die Brombeeren in den Felsenspalten schwarz wurden, und als die Hagebutte auf den nackten Zweigen des Dornbusches rot zu leuchten begann.

Den ganzen Sommer war Hjalte unten in Kungahälla umhergegangen und hatte auf die Hochzeit gewartet. Niemand konnte die Prinzessin eifriger erwarten als er. Er sehnte sich sicherlich mit viel größerer und quälenderer Unruhe als König Olaf selbst. Auch jetzt war es Hjalte unter den Kämpen im Königshaus nicht wohl. Aber weit unten am Fluss befand sich eine Brücke, zu der die Frauen Kungahällas zu gehen pflegten, um ihren Männern und Söhnen nachzublicken, wenn sie auf weite Fahrt auszogen. Hier pflegten sie sich auch den ganzen Sommer über zu versammeln, um den Fluss hinab nach Segeln auszulugen und den Fortgefahrenen nachzuweinen. Hinab zu dieser Brücke kam nun Hjalte alle Tage. Er liebte es, sich unter jenen aufzuhalten, die trauerten und sich sehnten.

Ganz sicherlich hatte keine der Frauen, die je auf der »Tränenbrücke« gesessen und gewartet hatte, den Lauf des Flusses mit ängstlicheren Blicken hinabgeschaut als Hjalte, der Skalde. Es gab niemanden, der mit größerer Erwartung seine Blicke auf jedes vorübergleitende Segel heftete.

Zuweilen schlich sich Hjalte auch in die Marienkirche. Er betete nie für sich selbst. Er kam nur herein, um die Heiligen an diese Heirat zu erinnern, die geschehen musste, da Gott selbst sie gefördert hatte. Am allerliebsten sprach aber Hjalte ganz allein mit Olaf Haraldson. Es war ihm eine Freude dazusitzen und jedes Wort der Königstochter zu wiederholen und ihre Gesichtszüge ausführlich zu schildern.

»König«, sagte er, »bitte Gott, dass sie zu dir kommt. Jeden Tag sehe ich dich auf die Jagd ausziehen gegen das alte Heidentum, das wie ein Uhu in dem Schatten des Waldes und der Klüfte verborgen liegt. Aber dein Falke, König, wird niemals den Uhu überwinden. Eine Taube allein kann es, allein eine Taube.« Der Skalde fragte den König, ob es nicht wahr sei, dass er alle seine Widersacher niederwerfen wollte. War es nicht so, dass er allein Herr sein wollte im Land? Aber nie würde ihm das glücken. Nie würde es glücken, solange er nicht die Krone besaß, die Hjalte ihm auserwählt, eine Krone, die so mit Adel und Glanz geschmückt war, dass alle Menschen gehorchen mussten.

Und zuletzt fragte er den König, ob er nicht die Herrschaft über sich selbst gewinnen wolle. Aber es konnte ihm niemals gelingen, des eigenen Herzens Widerstand zu überwinden, wenn er nicht ein Schild gewann, das Hjalte im Jungfernturm des Königshofes zu Uppsala gesehen. Das war ein Schild, der des Himmels Reinheit dem Besitzer widerspiegelte. Das war ein Schild, der vor aller Arglist und aller Fleischeslust schützte.

Aber der Herbst kam, und noch immer säumte die Prinzessin. Einer nach dem andern von den tapfern Helden, die um des Hochzeitsfestes willen Kungahälla besucht hatten, musste von dannen ziehen. Zuletzt zog auch der alte Hjalte, der Skalde. Mit schwerem Herzen segelte er fort, musste er doch vor dem Weihnachtsfest sein Heim im fernen Island erreichen.

Der alte Hjalte war kaum zu den felsigen Schären hinter der Mündung des Nordre Älf gekommen, als er einem Langschiff begegnete. Sogleich gebot er seinen Mannen mit dem Rudern innezuhalten. Er hatte auf den ersten Blick erkannt, dass es Prinzessin Ingegerds Drache war.

Ohne Zögern ließ Hjalte sich zu dem Drachen rudern. Er verließ seinen Platz am Steuer und stellte sich mit freudestrahlendem Antlitz ganz vorne in den Kiel. »Es freut mich, dass ich die schöne Maid noch einmal schauen darf«, sagte der Skalde. »Es freut mich, dass ihr holdes Antlitz das Letzte ist, was mir vor der Islandfahrt begegnet.«

Da war kaum eine Runzel in Hjaltes Antlitz zu sehen, als er an Bord des Drachen trat. Er grüßte die rüstigen Gesellen, welche die Ruder führten, so freundlich, als wären es seine Genossen, und er gab dem Mägdelein, das ihn ehrfurchtsvoll zum Frauenzelt im Hintersteven des Schiffes geleitete, ein goldenes Ringelein.

Hjaltes Hand zitterte, als er den Vorhang hob, der vor der Zeltöffnung herabhing. Dieser Augenblick dünkte ihn der schönste seines Lebens. »Nie habe ich für eine größere Sache gekämpft«, sagte er. »Nie habe ich etwas so eifrig erstrebt wie diese Verbindung.«

Aber als Hjalte in das Zelt kam, wich er erschrocken einen Schritt zurück. Sein Gesicht drückte die größte Verwirrung aus.

Ein hohes, schönes Weib sah er dort drinnen, das ihm mit ausgestreckter Hand entgegenkam, aber das war nicht Ingegerd. Hjaltes Augen irrten suchend in dem engen Zelt umher, um die Prinzessin zu finden. Wohl sah er, dass sie, die dort drinnen stand, eine Königstochter war. Nur eine Königstochter konnte ihn mit so stolzen Blicken ansehen und ihn mit solcher Würde begrüßen. Und sie trug den fürstlichen Stirnreif und königliches Gewand. Aber wo war Ingegerd?

Hjalte begann die Fremde heftig auszufragen. »Wer bist du?«, fragte er.

»Kennst du mich nicht, Hjalte, ich bin die Königstochter, mit der du von Olaf Haraldson gesprochen.«

»Ich habe mit einer Königstochter von Olaf Haraldson gesprochen, aber sie nannte sich Ingegerd.«

»Ich nenne mich auch Ingegerd.«

»Du magst dich nennen wie du willst, aber du bist nicht die Prinzessin. Was will all dies heißen? Will der Sveakönig Olaf hintergehen?«

»Er hintergeht ihn nicht. Er sendet ihm seine Tochter, so wie er es versprochen.«

Es fehlte nicht viel, und Hjalte hätte sein Schwert gezogen, um die fremde Frau niederzuschlagen. Er hatte schon die Hand am Schwertgriff, aber dann besann er sich, wie übel es einem Kämpen anstand, einem Weib das Leben zu nehmen. Aber mehr Worte wollte er nicht an diese Betrügerin vergeuden. Er wandte sich zum Gehen.

Die Fremde rief ihn mit sehr sanfter Stimme zurück. »Wohin gehst du, Hjalte, willst du nach Kungahälla fahren, um Olaf Haraldson zu warnen?«

»Jawohl, dies ist meine Absicht«, antwortete Hjalte, ohne sie anzusehen.

»Warum willst du mich dann verlassen, Hjalte, warum bleibst du nicht bei mir? Ich fahre ja auch nach Kungahälla.«

Nun wandte sich Hjalte um und sah sie an. »Bist du das Weib, um Erbarmen mit einem alten Mann zu haben?«, sagte er. »Ich will dir sagen, dass ich mein ganzes Herz darein gesetzt habe, dass diese Heirat zustande kommt. Lass mich nun mein ganzes Unglück wissen. Darf Ingegerd überhaupt nicht kommen?«

Da hörte die Prinzessin auf, mit Hjalte ihren Scherz zu treiben. »Komm herein und setze dich hier unter das Zelt«, sagte sie, »und ich werde dir alles sagen, was du wissen willst. Ich begreife wohl, dass es nichts nützt, die Wahrheit vor dir zu verbergen.«

Und sie begann ihm zu erzählen. »Schon neigte der Sommer sich seinem Ende zu«, sagte sie, »schon hatten die munteren Küchlein des Birkhuhns starke Federn in dem gespaltenen Schwanz und Festigkeit in den runden Flügeln, schon hatten sie angefangen, mit hurtigen, lärmenden Flügelschlägen in dem Astgewirr des Tannenwaldes umherzuflattern – da war der Sveakönig eines Morgens über die Ebene geritten gekommen. Er war von glücklicher Jagd heimgekehrt. Am Sattelknopf hingen ein alter Birkhahn, dunkel glänzend und blauschwarz, und vier seiner unerfahrenen Jungen in gesprenkeltem Kleid. Und der König war sehr stolz gewesen. Es trug sich nicht oft zu, dass man mit Falke und Habicht an einem Morgen bessere Jagd machte.«

Aber nun musste Hjalte wissen, dass an diesem Morgen Prinzessin Ingegerd mit ihren Zofen im Burgtor gestanden und den König erwartet hatte. Und unter den Jungfrauen war eine gewesen, die sich Astrid nannte und die ebenso wie Ingegerd eine Tochter des Sveakönigs war, obgleich von einer unfreien Mutter geboren und darum wie eine Leibeigene gehalten. Und diese junge Maid hatte dagestanden und ihrer Schwester gezeigt, wie die Schwalben sich draußen über dem Feld versammelten und sich einen Führer wählten für den langen Flug. Sie erinnerte sie daran, dass der Sommer nun im Scheiden war – dieser Sommer, der Ingegerds Hochzeit hätte schauen sollen. Sie reizte sie auf, den König zu fragen, warum sie nicht zu König Olaf fahren dürfe. Denn Astrid hatte diese Fahrt mit ihrer Schwester machen wollen. Sie dachte, dass sie alle Tage froh sein würde, wenn sie bloß ein einziges Mal Olaf Haraldson schauen dürfte.

Aber als der Sveakönig die Prinzessin erblickt hatte, war er auf sie zugeritten. »Sieh, Ingegerd«, hatte er gesagt, »hier hängen fünf Birkhühner am Sattelknopf. An diesem einen Morgen habe ich fünf Birkhühner erlegt. Wer, glaubst du, kann sich eines größeren Glückes rühmen? Hast du je gehört, dass ein König bessere Jagd machte?«

Aber da war die Prinzessin unwillig geworden, weil er so stolz war und sein eigenes Glück pries, während er ihr den Weg zum Glück versperrte. Und um der Angst, die sie seit Wochen verzehrte, ein Ende zu machen, antwortete sie: »Du, Vater, hast mit großen Ehren fünf Birkhühner erlegt, aber ich weiß einen König, der in einer Morgenstunde fünf Könige fing, und das war Olaf, der Held, den du mir zum Gemahl erwählt.«

Da war der Sveakönig zornig aus dem Sattel gesprungen und mit geballten Fäusten auf die Prinzessin losgegangen.

»Welcher Troll hat dich gebissen?«, hatte er gefragt. »Welches Kraut hat dich behext? Wie konnte sich dein Sinn diesem Mann zuwenden?«

Da hatte Ingegerd nicht geantwortet. Sie war erschrocken einen Schritt zurückgewichen. Und der König war ruhiger geworden. »Süße Tochter«, hatte er gesagt, »weißt du denn nicht, dass ich dich lieb habe? Wie kann ich dich dann dem schenken, den ich nicht ertragen kann! Ich möchte dich mit trauten Wünschen geleiten. Ich will in deinen Saal treten können. Ich sage dir, dass du deinen Sinn den Königen anderer Länder zuwenden musst, denn Norwegens König wird dich niemals besitzen!«

Da war die Prinzessin so verwirrt geworden, dass sie dem König nichts anderes zu antworten wusste als: »Ich bat dich nicht. Es war des Volkes Wille!«

Und der König hatte sie sogleich gefragt, ob sie meinte, dass der Sveakönig ein Knecht sei, der nicht über seine eigenen Kinder verfügen dürfe, ob er einen Herrn habe, der die Macht besäße, seine Tochter zu verschenken.

»Will der Sveakönig es gestatten, dass man ihn wortbrüchig nennt?«, hatte die Prinzessin gefragt.

Der Sveakönig hatte laut gelacht. »Sei du ohne Sorge! Solches wird nicht gesagt werden. Warum fragst du danach, du, ein Weib? Noch sitzen Männer in meinem Rat. Dafür werden Männer Hilfe zu finden wissen.«

Und der König hatte sich den Kämpen zugewandt, die in der Jägerschar ritten. »Mein Wille wird durch dieses Gelöbnis gebunden«, sagte er. »Ich will frei sein von diesem Band.«

Aber keiner der Männer des Königs hatte ein Wort erwidert, keiner wusste irgendeinen Rat zu geben.

Immer größeren Zorn hatte da Olof Schoßkönig gepackt. Er war so wild geworden wie ein Wahnsinniger. »Wehe eurer Weisheit!«, hatte er einmal ums andere seinen Mannen zugerufen. »Frei will ich sein! Warum preist man eure Weisheit?«

Aber während der König so getobt und gewütet hatte, und weil niemand ihm etwas zu antworten wusste, trat Astrid aus dem Kreis der Jungfrauen heraus und brachte ihren Rat vor. Aber sie sprach ihn nur aus, das musste Hjalte glauben und wissen, weil er ihr ergötzlich schien und ihr gleichsam kitzelnd auf der Zunge lag, durchaus nicht, weil er ihr möglich oder ausführbar erschien.

»Warum sendest du nicht mich?«, sagte sie. »Ich bin auch deine Tochter. Warum schickst du nicht mich zu dem norwegischen König?«

Aber als Astrid dies gesagt hatte, war Ingegerd ganz blass geworden. »Schweige still und geh«, sagte sie erzürnt. »Geh, du Plappermaul, du heimtückisches, böses Ding, das meinem Vater solche Schmach vorschlägt.«

Aber der König hatte Astrid nicht erlaubt zu gehen. Im Gegenteil! Er hatte die Hand ausgestreckt und sie an seine Brust gezogen. Er hatte gelacht, und geweint und war ganz wirr gewesen vor Freude, wie ein ausgelassenes Kind.

»Ah«, hatte er gerufen, »was für ein Einfall! Was für ein heidnischer Streich! Wir werden Astrid Ingegerd nennen! Wir werden Norwegens König verlocken, sie zu ehelichen! Und wenn es dann kund wird rings im Land, dass sie von unfreier Geburt ist, wird man seinen Spott treiben mit diesem ehrenfesten Mann!«

Aber da war Ingegerd auf den König zugeeilt und hatte gefleht: »O Vater, o Vater, tu das nicht! Ich habe König Olaf von Herzen lieb, es macht mir großen Kummer, dass du ihn betrügen willst.«

Und sie sagte, sie wolle in Geduld dem Befehl ihres Vaters gehorchen und von der Heirat mit Olaf Haraldson abstehen. Er sollte ihr nur versprechen, ihm das nicht anzutun, nicht das.

Aber der Sveakönig hatte gar nicht auf ihre Bitten gehört. Er hatte sich allein Astrid zugewandt, die er liebkoste, als wäre sie süß wie die Rache selbst. »Du sollst fahren, du sollst bald fahren, morgen schon«, hatte er zu ihr gesagt. »Wir müssen wohl irgendein Schiff haben, das seetüchtig ist. Alles, was du an Heiratsgut brauchst, deine Kleider, liebe Tochter, und dein Gefolge, das kann in größter Eile beschafft werden. Der norwegische König denkt nicht an derartiges, er denkt bloß an die Freude, des Sveakönigs hochgeborenes Töchterlein zu besitzen.«

Als er das gesagt, hatte Ingegerd nur zu wohl verstanden, dass hier keine Änderung zu erhoffen war. Und da war sie auf die Schwester zugegangen, hatte ihr

die Hand um den Hals gelegt und sie mit sich in ihren
Saal geführt und auf ihre eigene Hochbank gesetzt,
während sie selbst auf dem niedrigen Schemel zu ihren
Füßen Platz nahm. Und sie hatte zu Astrid gesagt, dass
sie nun dort oben sitzen sollte, um sich an den ersten
Platz zu gewöhnen. Sie sollte dort sitzen, um zu wissen,
welchen Platz sie als Königin einnehmen würde. Denn
Ingegerd wollte nicht, dass Olaf sich seiner Königin
schämen müsste.

Dann hatte die Prinzessin ihre anderen Jungfrauen
zu Kleiderschränken und Vorratskammern geschickt,
um den Brautschatz zu holen, den sie für sich selbst
geordnet. Und das alles hatte sie ihrer Schwester geschenkt, damit Astrid nicht wie eine arme Magd zu
Norwegens König kam.

Sie hatte auch aufgezählt, welche Diener und Zofen
Astrid begleiten sollten, und zum Schluss hatte sie ihr
das schöne Langschiff gegeben.

»Sicherlich sollst du mein Langschiff nehmen«, sagte
sie. »Du weißt, dass viele gute Gesellen dort das Ruder
führen. Denn es ist mein Wille, dass du stolz zu Norwegens König kommst, sodass er sich geehrt fühlt durch
seine Königin.«

Und dann hatte die Prinzessin gar lange bei ihrer
Schwester gesessen und mit ihr von König Olaf gesprochen. Aber sie hatte so gesprochen, wie man von Gottes
heiligen Männern spricht und nicht von Königen, und
Astrid hatte nicht viel von ihrer Rede verstanden. Aber
so viel hatte sie verstanden, dass die Königstochter
Astrid alle guten Gedanken schenken wollte, die in ihr

wohnten, nur damit König Olaf nicht so genarrt wurde, wie ihr Vater wünschte. Und da hatte schließlich Astrid, die wohl doch nicht so böse war, wie alle glaubten, vergessen, wie oft sie gerade um ihrer Schwester willen hatte leiden müssen, und sie hatte gewünscht, dass sie die Freiheit besäße zu sagen: »Ich fahre nicht.« Sie hatte auch von diesem Wunsch zur Prinzessin gesprochen, und sie hatten beide geweint, und zum ersten Mal hatten sie sich als Schwestern gefühlt.

Aber nun musste Hjalte verstehen, dass Astrid nicht eine von denen war, die grübeln und trauern. Als sie hinaus auf das Meer gekommen war, da hatte sie alle Sorge und Furcht vergessen. Sie hatte als Herrscherin gebieten können, sie war wie eine Königstochter bedient worden. Zum ersten Mal seit dem Tod ihrer Mutter war sie glücklich gewesen. Die schöne Königstochter schwieg einen Augenblick, als sie all dieses gesagt hatte. Sie sah hastig zu Hjalte auf, der sich, solange sie sprach, nicht geregt hatte. Sie erblasste, als sie sah, welchen Schmerz sein Antlitz widerspiegelte. »Sage mir, was du glaubst, Hjalte«, rief sie. »Nun sind wir ja bald in Kungahälla. Wie wird es mir dort ergehen? Wird der König mich töten? Wird er mich zurückschicken, mit rot glühendem Eisen gebrandmarkt? Sag mir die Wahrheit, Hjalte?«

Aber Hjalte antwortete ihr nicht. Er saß da und sprach zu sich selbst, ohne dass er es wusste. Astrid hörte, wie er murmelte, dass es drüben in Kungahälla keinen gebe, der Ingegerd kannte, und dass er selbst geringe Lust habe, zurückzukehren. Dann fiel Hjaltes düsterer Blick auf Astrid, und er begann sie auszufragen.

Sie hatte sich ja die Freiheit gewünscht, um nein zu dieser Fahrt sagen zu können. Und wenn sie jetzt nach Kungahälla kam, war sie frei. Was gedachte sie also zu tun? Gedachte sie König Olaf zu sagen, wer sie war?

Das war eine Frage, die Astrid gar sehr verwirrte. Sie schwieg lange. Aber dann hub sie an, Hjalte zu bitten, dass er sie nach Kungahälla geleite, um dem König die Wahrheit zu sagen. Sie sagte Hjalte, dass ihre Schiffsleute und Zofen sich verpflichtet hatten zu schweigen. »Und ich selbst weiß ja nicht, was ich tue«, sagte sie. »Wie kann ich wissen, was ich tun werde? Ich habe ja alles gehört, was du Ingegerd von Olaf Haraldson erzählt hast.«

Als Astrid dies sagte, sah sie, wie Hjalte wieder in Grübeln versank. Sie hörte, wie er dasaß und murmelte, dass er nicht glaube, dass sie gestehen würde. »Aber ich muss ihr doch sagen, was ihrer wartet«, sagte er.

Und Hjalte richtete sich auf und sprach mit tiefem Ernst. »Höre noch eines, Astrid, was ich dir früher nicht von König Olaf erzählt habe.

Es war zu der Zeit, als König Olaf nur ein armer Seekönig war, als er bloß einige gute Schiffe besaß und einige getreue Kämpen, aber keinen Teil am Reich seiner Väter hatte. Das war damals, als er mit Ehren auf fremden Meeren stritt, als er die Wikinger verfolgte und die Kaufleute schützte und sein Schwert christlichen Fürsten lieh. Da träumte der König einmal, dass ein Fürst des Lichts, ein schöner Engel Gottes nachts zu seinem Schiff hinabstieg und alle Segel hisste und gen Norden steuerte. Und es dünkte den König, dass sie

nicht längere Zeit segelten, als ein Stern braucht, um
am Morgen zu erlöschen, als sie zu einem hohen felsigen
Strand kamen, von Fjorden durchbrochen und von
milchweißer Brandung bespült. Aber als sie dem Strand
nahten, streckte der Engel die Hand aus und sprach mit
seiner Silberstimme, die das Lärmen des Windes in den
Segeln übertönte und das wilde Brausen der Wellen, die
der Kiel in schwindelnder Fahrt durchschnitt. ›Du, König Olaf‹, so lauteten die Worte des Engels, ›sollst dieses
Land für ewige Zeit besitzen.‹ Und als er dies gesagt
hatte, war der Traum zu Ende.«

Aber nun suchte Hjalte Astrid zu erklären, dass die
Morgenröte den Übergang von der Nacht zum sonnen-
blanken Tag mildere. Deshalb habe Gott seine Verkündigung in einen Traum gekleidet, der die übermenschliche Ehre, dass es sein Wille sei, Könige kommen und
Könige gehen zu lassen, aber dem heiligen König Olaf
Ewigkeit zu verleihen, und dunkel andeutet, sodass er
vom König in aller Demut so ausgelegt werden kann,
dass er und die Männer seines Geschlechts immer das
Land beherrschen sollten, das der Engel ihm gezeigt
hatte. Und da er in diesem Land das Reich seiner Väter
wiederzuerkennen glaubte, steuerte er hin und ward,
vom Glück begünstigt, bald dessen König.

Und so, Astrid, ist es in allem. Wohl deutet alles
darauf, dass eine himmlische Kraft in König Olaf
wohnt, doch zögert er noch und denkt, dass er nur zu
einem irdischen König berufen ist. Er greift noch
nicht nach der Heiligenkrone. Aber jetzt ist die Stunde
nicht mehr fern, wo volle Klarheit über seine Aufgabe

über ihn kommen muss. Jetzt ist die Stunde nicht
mehr fern.«

Und der alte Hjalte sprach weiter, während Seherkraft
ihn erfüllte.

»Gibt es wohl außer Ingegerd ein Weib, das nicht von
Olaf Haraldson verworfen und von seiner Seite ver-
stoßen werden wird, wenn er aufsteht und des Engels
Worte begreift, dass er Norwegens König für ewige
Zeiten ist? Gibt es eine, die ihm da auf seiner hohen
Wanderung folgen kann, mit Ausnahme von Ingegerd?«

Und noch einmal wendete Hjalte sich an Astrid und
fragte mit großer Strenge: »Antworte nun und sage mir,
ob du nicht die Wahrheit sprechen willst vor König
Olaf?«

Astrid war ganz verschüchtert. Sie antwortete sehr
demütig: »Warum willst du nicht mit mir nach Kungahälla? Dann bin ich gezwungen, alles zu offenbaren.
Siehst du nicht, Hjalte, dass ich nicht weiß, was ich will?
Ich würde ja geloben, was du heischest, wenn mein Sinn
danach stände, den König zu betrügen. Ich würde dich
verlocken, weiter zu reisen, aber ich bin schwach. Ich
bitte dich ja nur, mir das Geleit zu geben.«

Aber kaum hatte sie das erwidert, da sah sie in Hjaltes
Antlitz einen furchtbaren Zorn. »Warum soll ich dir
dazu verhelfen, deinem harten Schicksal zu entgehen?«,
fragte er.

Er sagte, dass er an ihr nicht Barmherzigkeit zu üben
brauche. Er hasste sie wegen ihrer Sünde gegen die
Schwester. Ingegerds war der Mann gewesen, den sie
sich erlisten wollte, Diebin, die sie war. Ein gestählter

Kämpe wie Hjalte musste vor Schmerz stöhnen, wenn er bedachte, was Ingegerd gelitten. Aber Astrid hatte nichts gefühlt. Den Schmerz der edlen jungen Maid hatte sie mit grausamer Verschlagenheit missbraucht, um ihre niederen Wünsche erfüllt zu sehen. O weh, Astrid!

Astrid hörte Hjaltes Stimme so wild und düster, als murmelte er einen Zaubergesang.

»Du«, sagte er zu ihr, »du hast mein schönstes Gedicht verzerrt. Denn der Skalde Hjalte wollte die frommste der Frauen mit dem vortrefflichsten der Männer zusammensingen. Aber du hast das Gedicht in ein Narrenspiel verwandelt. Und ich werde dich strafen, du Abkömmling der Hölle! Ich werde dich strafen, so wie Gott Vater den Versucher strafte, der die Sünde in die Welt brachte. Ich werde dich strafen.

Bitte mich nicht«, fuhr er fort, »dass ich dir, Weib, folgen soll, um dich vor dir selbst zu schützen. Ich denke an die Prinzessin. Sie leidet durch dein falsches Spiel, das du mit König Olaf treibst. Um ihretwillen musst du gestraft werden und um meinetwillen. Ich werde nicht mit dir gehen, um dich zu verraten. Dies ist meine Rache, Astrid. Ich werde dich nicht verraten. Du sollst in Kungahälla einziehen, du, Astrid, und wenn du nicht von selbst sprichst, magst du des Königs Braut werden. Aber dann, du Schlange, wird die Strafe dich ereilen. So schwer wird dein Leben werden, dass du dir den Tod wünschst, jeden Tag.«

Als Hjalte dies gesagt, wandte er sich von ihr und ging.

Astrid saß lange da und dachte über das nach, was sie gehört hatte. Aber dann zog ein Lächeln über ihr Antlitz. Er vergaß, der alte Hjalte, dass sie alle Leiden gekostet, dass sie gelernt hatte, zu Qualen zu lächeln. Aber das Glück, das Glück hatte sie nie gekostet!

Und Astrid erhob sich und trat in die Zeltöffnung. Sie sah des grimmigen Hjalte Schiff gen Westen steuern. Und weit in der Ferne glaubte sie das nebelverhüllte Island zu sehen, das mit Kälte und Finsternis seinen weit gereisten Sohn willkommen hieß.

Es war ein sonnenblanker Tag im Herbst. Nicht die kleinste Wolke war am Himmel. Es war ein Tag, an dem man dachte: Die Sonne will der Erde alles Licht schenken! Die holde Sonne ist wie eine Mutter, deren Sohn fortreisen soll, und die nun in der Abschiedsstunde kein Auge von dem geliebten Sohn wenden mag.

In dem langen Tal, in dem Kungahälla lag, erhoben sich viele kleine, runde Hügelchen, die mit Buchenwald bekleidet waren. Und nun im Herbst hatten die Bäume so prächtige Gewänder angelegt, dass man sich über sie verwundern musste. Es war, als wollten die Bäume auf Freiersfahrt ausziehen. Es war, als hätten sie sich in Gold und Scharlach gekleidet, um reiche Bräute zu gewinnen mit ihrer Herrlichkeit. Die große Insel Hisingen am andern Ufer des Älfs war auch geschmückt. Aber auf Hisingen standen weißgelbe Birken. Auf Hisingen standen die Bäume hell gekleidet, als wären sie Mägdlein im bräutlichen Schmuck.

Aber den Fluss hinauf, der so stolz und ungestüm herab zum Meer stürzte, als hätte der Regen des Herbstes ihn mit brausendem Wein erfüllt, kam Schiff auf Schiff der Heimat zugerudert. Und wenn die Schiffe in die Nähe von Kungahälla kamen, da wurden ihre grauen Friessegel mit neuen, weißen vertauscht. Und man muss an Sagen von Königssöhnen denken, die in Bettlerlumpen auf Abenteuer auszogen und sie abwarfen, sobald sie wieder in den hohen Königshof eintraten.

Aber alles Volk von Kungahälla war unten an den Brücken versammelt. Alt und jung lud Waren von den Schiffen. Sie füllten die Vorratshäuser mit Salz und Tran, mit kostbaren Waffen und schimmernden Geweben. Sie zogen Fahrzeuge und Boote ans Land und fragten die Heimgekehrten nach ihrer Reise aus. Aber plötzlich stockte alle Arbeit, und alle wandten die Blicke dem Älf zu. Mitten zwischen den schweren Kauffahrteischiffen kam ein großes Langschiff gerudert. Und das Volk wunderte sich, wer es sein mochte, der purpurgeränderte Segel hisste und ein goldenes Zeichen im Steven führte. Man mochte wohl wissen, was für ein Schiff das war, das so leicht wie ein Vogel über die Wellen flog. Man pries seine Fährleute, die die Ruder so gleichmäßig führten, dass sie zuseiten des Schiffes blitzten wie Adlerschwingen. »Es muss die schwedische Prinzessin sein«, sagte man. »Die schöne Prinzessin Ingegerd muss es sein, die Olaf Haraldson den ganzen Sommer und Herbst hindurch erwartet hat.«

Und die Frauen eilten hinaus auf die Brücken, um die Prinzessin zu sehen, deren Schiff der Königsbrücke zusteuerte. Männer und Knaben sprangen hinaus auf die Schiffe und erkletterten die Dächer der Bootshütten.

Als die Frauen die Prinzessin herrlich geschmückt auf dem Verdecke stehen sahen, fingen sie an, ihr zuzurufen und sie mit Willkommensworten zu grüßen. Und alle Männer, die ihr hold lächelndes Antlitz schauten, lüfteten die Mütze und schwenkten sie hoch in die Luft.

Aber unten auf der Königsbrücke stand König Olaf selbst, und als er die Prinzessin sah, strahlte sein Angesicht in Freude, und seine Augen leuchteten in sanfter Zärtlichkeit.

Und da es so spät im Jahr war, dass alle Blumen dahin waren, pflückten die jungen Mädchen rotgelbes Herbstlaub von den Bäumen und streuten es auf die Brücke und die Straße. Und mit aller Hast eilten sie, die Hauswände mit glänzenden Vogelbeeren und dunkelroten Espenblättern zu verkleiden.

Die Prinzessin, die hoch auf ihrem Schiff stand, sah das Volk, das winkte und sie willkommen hieß, sie sah das rotgelbe Laub, auf dem sie wandeln sollte. Und ganz vorne auf der Brücke sah sie den König, der ihr entgegenlächelte.

Und die Prinzessin vergaß all das, was sie sagen und beichten sollte. Sie vergaß, dass sie nicht Ingegerd war. Sie vergaß alles, nur das nicht, dass sie Olaf Haraldsons Weib werden wollte.

Eines Sonntags saß Olaf Haraldson beim Mittagstisch, und seine schöne Königin saß an seiner Seite. Er sprach eifrig mit ihr, stützte den Ellenbogen auf den Tisch und

wendete sich so, dass er ihr Antlitz sehen konnte. Aber
als Astrid sprach, senkte der König den Blick, um nur
an den Liebreiz ihrer Stimme zu denken, und als sie
lange sprach, begann er, ohne es zu bemerken, mit dem
Messer an der Tischplatte zu schnitzen.

Alle Mannen König Olafs wussten, dass er dies nicht
getan haben würde, wenn er sich erinnert hätte, dass es
Sonntag war. Aber sie hatten zu viel Ehrfurcht vor dem
König, als dass sie gewagt hätten, ihn daran zu erinnern.

Je länger Astrid sprach, desto unruhiger wurden die
Kämpen. Die Königin sah wohl, dass sie verwunderte
Blicke miteinander tauschten, aber sie wusste nicht, was
die Ursache war.

Alle hatten aufgehört zu essen, und die Speisen waren
fortgetragen, aber König Olaf saß noch immer still da,
sprach mit Astrid und schnitt an der Tischplatte. Ein
ganzer Haufen kleiner Späne lag vor ihm.

Da sprach endlich sein Freund Björn, Sohn des Ogru
auf der Seehundsinsel: »Welchen Tag haben wir morgen,
Eilif?«, fragte er und wandte sich an einen Knappen.

»Morgen haben wir Montag«, antwortete Eilif mit
hoher, klarer Stimme.

Da erhob der König sein Haupt und sah Eilif an.
»Sagtest du, dass morgen Montag ist?«, fragte er nachdenklich.

Ohne ein weiteres Wort sammelte er alle Späne, die
er aus dem Tisch geschnitten, in seine Hand, ging zum
Herd, nahm eine Feuerkohle und legte sie auf die Späne,
die allsogleich Feuer fingen. Der König stand still und
ließ sie in seiner Hand zu Asche brennen. Da freuten

sich alle Kämpen, aber die junge Königin wurde blass wie eine Leiche.

Wie wird er mich richten, wenn er einmal meine Sünde erfährt, dachte sie, wenn er selbst das geringste Vergehen so hart ahndet.

Acke von Gardarike lag krank auf seiner Schute im Hafen von Kungahälla. Er lag unten in dem engen Schiffsraum und erwartete den Tod. Er hatte lange Zeit schlimme Schmerzen in seinem Fuß gehabt, nun war es eine offene Wunde geworden; in den letzten Stunden hatte der Fuß begonnen, schwarz zu werden. »Du musst nicht sterben, Acke«, sagte Ludolf von Kungahälla, der in den Schiffsraum herabgekommen war, um nach Acke zu sehen. »Weißt du nicht, dass König Olaf in der Stadt ist und dass Gott ihm große Kräfte gegeben um seines heiligen Lebenswandels und seiner Frömmigkeit willen? Lass ihn bitten, dass er zu dir kommt und dir seine Hand auflegt, dann bleibst du am Leben!«

»Nein, ich kann nicht Hilfe von ihm begehren«, sagte Acke. »Olaf Haraldson hasst mich, weil ich seinen Pflegebruder totgeschlagen, Reor, den Weißen. Wenn er wüsste, dass ich mit meinem Schiff hier im Hafen liege, würde er mich töten.«

Aber als Ludolf Acke verließ und hinauf auf die Straße kam, begegnete er der jungen Königin, die im Wald gewesen war und Nüsse gepflückt hatte. »Königin«, rief Ludolf ihr zu, »sage König Olaf dieses: Acke von Gardarike, der ihm den Pflegebruder getötet, liegt auf den Tod in seiner Schute hier im Hafen.«

Die schöne Königin eilte heim und ging zu König Olaf, der im Hof stand und sein Pferd wartete.

»Freue dich, König Olaf!«, sagte sie. »Acke von Gardarike, der deinen Pflegebruder getötet, liegt krank auf seiner Schute hier im Hafen, dem Tod nahe.«

Olaf Haraldson führte eilig das Pferd in den Stall. Dann ging er ohne Schwert und ohne Helm hinaus auf die Straße. Er eilte rasch zwischen den Häusern hindurch, bis er hinab zum Hafen kam und suchte Ackes Schute. Der König stand unten im Schiffsraum bei dem Kranken, bevor seine Mannen daran denken konnten, ihn zu hindern.

»Acke«, sagte König Olaf, »gar manches Mal habe ich draußen auf dem Meer Jagd auf dich gemacht, und du bist mir immer entkommen. Nun bist du hier in meiner Stadt vom Siechtum ereilt worden. Das ist mir ein Zeichen, dass Gott dein Leben in meine Hand gegeben.«

Acke antwortete nicht. Er war ganz machtlos; der Tod war ihm sehr nahe. Olaf Haraldson legte die Hände auf seine Brust und betete zu Gott: »Gib mir dieses meines Feindes Leben.«

Aber die Königin, die den König ohne Helm und Schwert zum Hafen hatte eilen sehen, war in den Königshof gegangen, hatte seine Waffen geholt und einige seiner Mannen gerufen. Sie kam ihm nun auf das Schiff nach.

Aber als sie vor dem engen Schiffsraum stand, hörte sie König Olaf für den Kranken beten.

Astrid blickte zum König und zu Acke hinein, ohne zu verraten, dass sie da war. Sie sah, wie, während des

Königs Hände auf Stirn und Brust des Sterbenden ruhten, die Todesblässe aus seinem Antlitz verschwand; er begann leicht und still zu atmen, er hörte auf zu stöhnen, und endlich versank er in süßen Schlummer.

Astrid ging sachte zurück, dem Königshof zu. Schwer schleppte sie des Königs Schwert über die Straße. Ihr Antlitz war fahler als das des Sterbenden. Ihre Atemzüge waren so schwer wie Todesröcheln.

Es war am Morgen des Allerheiligentages, und König Olaf wollte zur Messe gehen. Er kam aus dem Königshaus und schritt über den Hof dem Tor zu. Mehrere Mannen standen draußen auf dem Hof, um den König in die Messe zu begleiten. Als er nun kam, stellten sie sich in zwei Reihen auf, und der König ging zwischen ihnen hindurch.

Astrid stand oben auf dem schmalen Gang vor der Frauenkemenate und blickte auf den König herab. Er trug einen breiten Goldreif ums Haupt und war in einen langen Mantel aus rotem Samt gekleidet. Er ging sehr still; Feiertagsfriede lag auf seinem Antlitz. Astrid erschrak, als sie sah, wie sehr er Gottes heiligen Männern und Königen glich, die in Holz geschnitzt über dem Altar der Marienkirche thronten. Ganz unten am Tor stand ein Mann im Schlapphut, einen großen Mantel um die Schultern geworfen. Als der König sich ihm näherte, ließ er den Mantel fallen, zückte ein bloßes Schwert, das er darunter verborgen, hoch in die Luft und stürzte sich auf den König.

Aber als er ganz nahe kam, fiel König Olafs Blick
hell und milde auf ihn, und er hielt in seinem Lauf
inne. Er ließ das Schwert zu Boden fallen und sank
auf die Knie.

König Olaf stand still und sah den Mann mit demselben klaren Blicke an, und der Mann versuchte, die
Augen von ihm zu wenden, aber er konnte nicht. Endlich begann er zu schluchzen und zu weinen.

»O, König Olaf, König Olaf«, klagte er, »deine Feinde
sandten mich her, um dich zu töten, aber als ich deines
Angesichts Heiligkeit sah, fiel das Schwert aus meiner
Hand. Deine Augen, König Olaf, haben mich zu Boden
gestreckt.«

Astrid sank auf dem Söller in die Knie. »O Gott, hab
Erbarmen mit mir Sünderin«, sagte sie. »Weh mir, weh
mir, weh mir, dass ich mit Lüge und List dieses Mannes
Weib geworden.«

Am Abend des Allerheiligentages war klarer Monden-
schein. Der König war rings um den Hof gegangen und
hatte einen Blick in den Stall und den Viehhof geworfen, um nachzusehen, ob alles in Ordnung war, und er
war auch in den Hütten gewesen, wo Leibeigene und
Dienstleute wohnten, und hatte gesehen, dass sie gut
verpflegt wurden. Als er wieder zum Königshof zurück-
kehrte, sah er, wie ein Weib mit schwarzer Kapuze über
dem Kopf sich zum Hoftor schlich. Er glaubte sie zu
erkennen und folgte daher ihren Schritten. Sie ging
durch das Tor, kreuzte den Marktplatz und huschte
durch die engen Gässchen zum Älf hinab.

Olaf Haraldson folgte ihr, so leise er konnte. Er sah sie auf eine der hohen Brücken hinausgehen, dort stehen bleiben und hinab ins Wasser blicken. Gleich darauf streckte sie die Arme empor und ging, schwer seufzend, so weit auf der Brücke vor, dass der König deutlich sah, dass sie sich in den Älf stürzen wollte.

Der König näherte sich ihr mit unhörbaren Schritten, die er in vielen Gefahren gelernt hatte. Zweimal schon hatte die Frau den Fuß erhoben, um den Sprung ins Wasser zu tun, doch stets hatte sie sich wieder besonnen. Bevor sie noch einen neuen Versuch machen konnte, hatte Olaf Haraldson den Arm um ihren Leib gelegt und sie von der Brücke zurückgerissen.

»Du Unglückliche«, sagte er zu ihr, »du willst das tun, was Gott verboten hat.«

Als die Frau seine Stimme hörte, schlug sie beide Hände vors Gesicht, um es zu verbergen. Aber König Olaf wusste, wer sie war. Das Rauschen ihrer Kleider, die Form ihres Kopfes, der Glanz der Ringe um ihre Arme hatten ihm schon gesagt, dass es die Königin war.

Im ersten Augenblick hatte Astrid gekämpft, um sich frei zu machen, aber dann wurde sie plötzlich still und versuchte dem König den Glauben, dass sie sich habe töten wollen, zu nehmen.

»O, König Olaf, warum schleichst du einer armen Frau nach, die zum Fluss hinabgegangen, um zu sehen, wie sich der Mond im Wasser spiegelt? Was soll ich von dir denken?«

Astrids Stimme klang ruhig und scherzend. Der König stand schweigend.

»Du hättest mich so erschrecken können, dass ich in den Fluss gestürzt wäre«, sagte Astrid. »Glaubst du vielleicht, dass ich mich ertränken wollte?«

Der König antwortete: »Ich weiß nicht, was ich glauben soll. Gott wird mich erleuchten.«

Astrid lachte laut auf und küsste ihn. »Tötet man sich, wenn man glücklich ist, wie ich? Tötet man sich im Paradies?«

»Ich verstehe es nicht«, sagte König Olaf in seiner stillen Weise. »Gott wird mich erleuchten. Er wird mir sagen, ob ich schuld daran bin, dass du eine so große Sünde begehen wolltest.«

Astrid kam nun auf ihn zu und streichelte sein Antlitz. Die Ehrfurcht, die sie stets für König Olaf empfunden, hatte sie bis jetzt abgehalten, ihm die ganze Zärtlichkeit ihrer Liebe zu zeigen. Nun schloss sie ihn mit einem Mal leidenschaftlich in ihre Arme und küsste ihn unzählige Male, dann begann sie mit einer Stimme zu sprechen, die süß und zwitschernd war.

»Höre nun, wie stark meine Liebe zu dir ist«, sagte sie.

Sie bewog König Olaf, auf einem umgestülpten Boot Platz zu nehmen. Sie selbst kniete zu seinen Füßen.

»König Olaf«, sagte sie, »ich will nicht länger Königin sein. Wer jemanden so lieb hat, wie ich dich, kann nicht Königin sein. Ich wollte, du zögest tief in den Wald und ließest mich deine Magd sein. Da könnte ich dir dienen, jeden Tag. Da würde ich dein Essen bereiten, dein Lager richten und deine Hütte bewachen, wenn du schläfst. Niemand außer mir dürfte dir dienen. Wenn du abends von der Jagd heimkämest, würde ich dir entgegengehen und mich vor dir auf dem Weg auf die Knie werfen und sagen: König Olaf, mein Leben ist dein! Und du würdest lächeln und deine Lanze auf meine Brust senken und sagen: Ja, dein Leben ist mein. Du hast nicht Vater, nicht Mutter, du bist mein, und in meiner Hand ist dein Leben.«

Als Astrid dies sagte, nahm sie spielend König Olafs Schwert aus der Scheide. Sie drückte den Griff in König Olafs Hand, doch die Spitze führte sie gegen ihr Herz. »Sage nun dies zu mir, König Olaf«, sagte sie, »so, als wären wir einsam im Wald und ich wäre deine Magd. Sage dies: Dein Leben ist mein.«

»Dein Leben ist Gottes«, sagte der König.

Astrid lachte leicht. »Mein Leben ist dein«, wiederholte sie mit großer Zärtlichkeit in der Stimme, und in demselben Augenblick fühlte König Olaf, dass sie das Schwert gegen ihre Brust drückte.

Aber der König hielt sein Schwert mit kräftiger Hand. Er raffte es an sich, bevor es Astrid gelungen war, sich etwas zuleide zu tun.

Und er sprang auf. Zum ersten Mal in seinem Leben war er so erschrocken, dass er zitterte. Die Königin hatte durch seine Hand sterben wollen, und beinahe wäre es ihr gelungen.

Aber im selben Augenblick kam eine Eingebung über ihn. Er begriff ihre Verzweiflung. Sie hat sich vergangen, dachte er. Sie hat eine Sünde auf dem Gewissen. Er beugte sich über Astrid. »Sage, was du verbrochen hast«, sagte er. Astrid hatte sich in verzweifeltem Weinen auf die groben Planken der Brücke geworfen.

So weint keine Schuldfreie, dachte der König. Aber wie kann die edle Königstochter eine so schwere Angst auf sich geladen haben?, fragte er sich. Wie kann der hohen Ingegerd Gewissen mit einem Verbrechen belastet sein?

»Ingegerd, sage mir, worin hast du gefehlt?«, fragte er aufs Neue. Aber Astrids Kehle wurde von Schluchzen zusammengeschnürt, und sie konnte nicht antworten. Stattdessen streifte sie die funkelnden Ringe und Armspangen ab und reichte sie mit abgewandtem Antlitz dem König hin.

Wie wenig glich all dies der frommen Königstochter, von der Hjalte gesprochen. Ist das Hjaltes Ingegerd, die hier zu meinen Füßen schluchzt?, dachte der König. Er beugte sich hinab und fasste Astrid an den Schultern. »Wer bist du, wer bist du?«, sagte er und schüttelte ihren Arm. »Ich sehe, dass du nicht Ingegerd bist. Wer bist du?«

Noch immer schluchzte Astrid so, dass sie nicht antworten konnte. Aber um dem König Klarheit über das zu geben, was er zu wissen verlangte, ließ sie ihr langes Haar herab und schlang eine Locke um ihre Arme, streckte sie gegen den König aus und saß dann wartend da mit gebeugtem Rücken und gesenktem Haupt.

Der König dachte: Sie will bekennen, dass sie eine von denen ist, die Fesseln tragen. Sie will mir sagen, dass sie eine Magd ist.

Wieder kam eine Eingebung über König Olaf, die ihn den Zusammenhang begreifen ließ.

»Hat nicht der Sveakönig eine Tochter, die das Kind einer Magd ist?«, fragte er plötzlich.

Er hörte kein Wort von Astrid, nur immer stärker werdendes Wimmern.

»Hat mir der Sveakönig«, fragte nun König Olaf, »nicht das Kind seiner Königin gegönnt, sondern das der Magd geschickt?«

Auch jetzt bekam er keine Antwort, aber er hörte Astrid beben und zähneklappern, als friere sie.

König Olaf hatte noch eine Frage: »Hast du, die ich zu meiner Gattin gemacht, so schimpflichen Sinn, dass man dich dazu gebrauchen kann, die Ehre eines Mannes herabzusetzen? Bist du so niedrig, dass du dich darüber freust, wenn meine Feinde mich verlachen?« Astrid hörte an der Stimme des Königs, wie bitter er durch den Schimpf litt, der ihm zugefügt worden war. Sie vergaß darüber ihr eigenes Leid und hörte auf zu weinen: »Nimm mein Leben«, sagte sie.

Und König Olaf empfand eine schwere Versuchung. Stich die elende Magd tot, sagte der alte, sündige Mensch in ihm. Zeige dem Sveakönig, was es kostet, mit Norwegens König seinen Spott zu treiben!

Olaf Haraldson fühlte in diesem Augenblick keine Liebe zu Astrid. Er hasste sie, weil sie ein Werkzeug seiner Demütigung war. Er wusste, dass alle ihn loben würden, wenn er Böses mit Bösem vergalt. Aber wenn er die Beleidigung nicht bestrafte, dann würden die Skalden ihn zum Gespött machen und seine Feinde aufhören, ihn zu fürchten.

Er hatte nur eine Sehnsucht: Astrid niederzustoßen, ihr Leben auszulöschen. Wenn er Astrid als blutige Leiche auf ihr Schiff legte und sie ihrem Vater zurück-

sandte, würde man dann nicht von König Olaf sagen,
dass er ein würdiger Spross des großen Königs Harald
Harfager war?

Aber König Olaf hielt sein Schwert in der Hand und
fühlte den Griff, in dessen Gold er einmal hatte einritzen
lassen: »Selig sind die Friedfertigen! Selig sind die Demü-
tigen! Selig sind die Barmherzigen!« Und jedes Mal, wenn
er in der Angst der Stunde das Schwert hart umklammerte, um Astrid niederzustoßen, fühlte er diese Worte
in seiner Hand. Er glaubte jeden Buchstaben zu spüren.

Er entsann sich des Tages, an dem er zum ersten Mal
diese Worte gehört. »Dies soll mit goldenen Buchstaben
auf dem Griff meines Schwertes stehen«, hatte er gesagt,
»sodass die Worte die Hand brennen mögen, wenn ich
mein Schwert mit zügellosem Mut führen will oder für
eine ungerechte Sache.«

Nun fühlte er, wie der Schwertgriff in seiner Hand
brannte.

König Olaf sagte laut zu sich selbst: »Ehedem bist du
vieler Gelüste Diener gewesen. Nun hast du nur einen
Herrn, und der ist Gott.«

Mit diesen Worten steckte er das Schwert in die
Scheide. Und er begann auf der Brücke auf und ab zu
gehen. Astrid lag noch immer in derselben Stellung.
König Olaf sah, wie sie sich in Todesfurcht zusammen-
duckte, jedes Mal, wenn er an ihr vorbeiging. »Ich werde
dich nicht töten«, sagte er zu Astrid, aber seine Stimme
klang hart vor Hass.

Noch eine Weile ging König Olaf auf der Brücke auf
und nieder. Dann kam er auf Astrid zu und fragte mit

derselben harten Stimme nach ihrem wirklichen Namen, und darauf konnte sie antworten.

König Olaf sah nun, wie dieses Weib, das er am höchsten geschätzt, auf der Brücke lag, wie ein zuschanden geschossenes Tier. Er kam Astrid näher und sprach, als hätte diese kein Leben mehr und könnte das nicht hören, was er sagte.

»Man hatte mir gesagt, dass es eine Königstochter gebe, deren Herz so hoch und heilig sei, dass sie jeglichem Frieden schenke, der in ihre Nähe komme. Man hatte von ihrer Sanftmut gesprochen, in deren Nähe sich jeder geborgen fühle wie ein schutzloses Kind bei der Mutter. Und als dieses schöne Weib, das nun hier liegt, zu mir kam, da glaubte ich, sie wäre Ingegerd, und sie wurde mir sehr teuer. Sie war hold und fröhlich, und sie machte meine schweren Stunden leicht. Wenn sie auch zuweilen anders sprach und handelte, als ich es von der stolzen Ingegerd erwartete, war sie mir doch allzu teuer, als dass ich an ihr hätte zweifeln können. Sie schlich sich in meinen Sinn mit ihrer Freude und mit ihrer Schönheit.«

Er schwieg eine Weile und dachte daran, wie lieb Astrid ihm gewesen, und wie mit ihr das Glück in sein Haus gezogen.

»Ich könnte ihr verzeihen«, sagte er dann laut. »Ich könnte sie wieder zu meiner Königin machen, ich könnte sie in Liebe auf meinen Armen emporheben, aber das darf ich nicht tun, denn meine Seele würde doch heimatlos bleiben. – O, du schönes Weib«, sagte er, »warum wohnt die Lüge in dir? Warum ist bei dir keine Sicherheit, keine Traulichkeit!«

Er hätte noch länger geklagt, aber da erhob sich Astrid. »König Olaf, sprich nicht so zu mir«, sagte sie. »Ich will lieber sterben. Vergiss nicht, dass dies mein Ernst ist.«

Darauf versuchte sie einige Worte zu sagen, um sich zu entschuldigen. Sie sagte ihm, wie sie nach Kungahälla gefahren, nicht in der Absicht, ihn zu betrügen, sondern um ein paar Wochen hindurch Fürstin zu sein, um bedient zu werden, um auf dem Meer zu segeln. Aber sie gedachte zu gestehen, wer sie war, sobald sie Kungahälla erreicht hatte. Dort erwartete sie, Hjalte zu finden und andere Mannen, die Ingegerd kannten. Aber wie durch eine böse Macht vertrieben, waren alle fort, die Ingegerd kannten, und da war sie zur Lüge verlockt worden. »Als ich dich sah, König Olaf«, sagte sie, »vergaß ich alles, um dein werden zu können. Und ich dachte, dass ich mich mit Freuden töten lassen wollte, wenn ich nur für einen Tag dein Weib sein könnte.«

König Olaf antwortete ihr: »Wohl verstehe ich, dass es ein Spiel für dich bedeutete, was für mich todesschwerer Ernst war. Nie hast du bedacht, was es bedeutet, zu kommen und zu einem Mann zu sagen: Ich bin die, die du heiß begehrst. Ich bin die hochgeborene Jungfrau, die zu gewinnen der größte Ruhm ist. – Und nun bist du nicht dieses Weib; du bist eine lügenhafte Magd.«

»Ich habe dich lieb gehabt, seit ich deinen Namen nennen hörte«, sagte Astrid leise.

Der König ballte seine Hand ingrimmig gegen sie. »Wisse es, Astrid, nach Ingegerd habe ich mich gesehnt, sowie kein Mann sich nach einem Weib sehnte. An ihr wollte ich mich festhalten, so wie die Seele des Toten an den tragenden Engeln, um emporzusteigen. Ich glaubte, sie sei so fromm, dass sie mir helfen könnte, ein schuldfreies Leben zu leben.«

Und er brach in wilde Sehnsucht aus, und er sprach davon, dass er nach der Gewalt schmachte, die die Heiligen des Herrn besaßen, aber dass er zu schwach und zu sündig sei, um diese Vollkommenheit zu erreichen. »Aber die Königstochter würde mir geholfen haben«, sagte er, »sie, die heilig Holde, würde mir geholfen haben.«

»O Gott«, sagte er, »wohin ich mich auch wende, sehe ich Sünder, wo ich gehe, begegne ich solchen, die mich zur Sünde verlocken. Warum ließest du nicht die Königstochter kommen, die keinen bösen Gedanken in ihrem Herzen trägt? Ihre milden Augen hätten den rechten Weg für mich erspäht. Sobald ich gegen ein Gebot Gottes hätte handeln wollen, würde ihre milde Hand mich zurückgehalten haben.«

Eine tiefe Müdigkeit der Verzweiflung überkam Olaf Haraldson. »Das war es, worauf ich gehofft hatte«, sagte er, »einen guten Menschen an meiner Seite zu haben. Nicht beständig einsam unter Wildheit und Arglist zu wandern! Nun fühle ich, dass ich unterliegen werde. Ich vermag es nicht länger, zu streiten. Gott hat mir nicht die Frau schenken wollen, die mir beistehen sollte auf meiner Wanderung. Nun weiß ich, dass ich niemals die Heiligenkrone erringen werde.« Und der König schwieg in trostloser Verzweiflung. Da trat Astrid näher zu ihm heran.

»König Olaf«, sagte sie, »das, was du nun sagst, haben mir sowohl die Prinzessin wie Hjalte schon längst gesagt, aber ich wollte nicht glauben, dass du etwas anderes seist als ein guter, tapferer Held und ein edler König. Erst seit ich unter deinem Dache lebe, hat meine Seele angefangen, dich zu fürchten. Ich habe gefühlt, dass es schlimmer ist als der Tod, mit einer Lüge auf der Zunge vor dich hinzutreten.

Nie hat etwas mich so erschreckt«, fuhr Astrid fort, »als da ich begriff, dass du ein Heiliger bist, als ich dich die Späne in deiner Hand verbrennen sah, als ich gewahrte, dass die Krankheit auf dein Geheiß floh, und das Schwert aus deines Feindes Hand fiel. Es hat mich zu Tode erschreckt, dass du ein heiliger Mann bist. Und ich beschloss zu sterben, bevor du erfahren würdest, dass ich dich betrogen habe.«

König Olaf antwortete nicht. Astrid sah zu ihm auf. Seine Augen waren zum Himmel gerichtet. Sie wusste nicht, ob er sie hörte.

»O, diesen Augenblick, den wir nun erleben«, sagte sie, »den habe ich gefürchtet, jeden Tag und jede Stunde, seit ich herkam. Lieber wollte ich sterben, als ihn erleben.«

Noch immer schwieg Olaf Haraldson.

»König Olaf«, sagte sie, »ich wollte etwas für dich tun, dir mein Leben geben. Ich wollte mich in den grauen Älf stürzen, damit du keine Lügnerin an deiner Seite zu haben brauchst. Je mehr ich von deiner Heiligkeit sah, desto deutlicher erkannte ich, dass ich von dir gehen musste. Ein Heiliger Gottes kann keine lügnerische Magd zum Weib haben.«

Noch immer schwieg der König, aber nun erhob Astrid die Augen zu seinem Angesicht, und sie rief: »König Olaf, dein Antlitz strahlt!«

Während Astrid sprach, war es König Olaf, als wären seine Augen einer Erscheinung geöffnet.

Alle Sterne des Firmamentes sah er ihre Plätze verlassen und am Himmel fliegen, wie schwärmende Bienen. Aber plötzlich hatten sie sich alle über seinem Haupt vereint und eine glanzumflossene Krone gebildet.

»Astrid«, sagte er mit bebender Stimme. »Gott hat zu mir gesprochen. Es ist so, wie du sagst. Ich soll Gottes Heiliger werden.«

Seine Stimme zitterte vor Rührung, und sein Antlitz leuchtete in der Nacht.

Aber als Astrid das Licht sah, das sein Haupt umstrahlte, erhob sie sich. Die letzte Hoffnung war für sie erloschen.

»Nun will ich gehen«, sagte sie. »Nun weißt du, wer du bist; niemals kannst du mich mehr an deiner Seite dulden. Aber denke meiner in Milde. Ohne Glück und Freude lebte ich mein ganzes Leben. Denke, ich bin geschlagen worden, ich bin in Lumpen gegangen. Verzeih mir, wenn ich fort bin. Meine Liebe hat dir nicht geschadet!«

Als Astrid in schwerer Verzweiflung über die Brücke fortschritt, erwachte Olaf Haraldson aus seiner Verzückung. Er eilte ihr nach.

»Warum willst du gehen?«, fragte er. »Warum willst du gehen?«

»Muss ich nicht gehen, jetzt, wo du ein Heiliger bist?«, flüsterte sie kaum hörbar.

»Nimmer sollst du gehen, gerade jetzt musst du bleiben«, sagte König Olaf. »Ein geringer Mann war ich zuvor und musste zittern vor allem Bösen. Ein armer, irdischer König war ich, zu arm, um dir meine Gnade zu schenken. Doch nun ist mir des Himmels Kraft gegeben. Wenn du schwach bist, so bin ich stark durch den Herrn. Wenn du fällst, so kann ich dich aufrichten. Gott wird mich schirmen; Astrid, du kannst mir nicht schaden, aber ich kann dir beistehen. – Ach, wie ich spreche! In dieser Stunde hat Gott so überreich seine Liebe in mein Herz ergossen, dass ich nicht weiß, ob du gefehlt hast.«

Und in großer Milde hob er die bebende Gestalt empor; und sie, die noch immer schluchzte und sich kaum aufrecht halten konnte, zärtlich stützend, so kehrten sie zurück in den Königshof.

Margareta Fredkulla

So ging es zu, als Margareta Fredkulla, die nach Norwegen ritt, um sich mit dem König Magnus Barfot zu vermählen, in das Storgarddorf in Westgotland kam, das am südlichen Älfufer liegt, ein Stück oberhalb von Kungahälla:

Vor allen anderen hatten die beiden alten Mütterchen Karin Wullum und Valborg Toot, die oben im großen Wald gewesen waren, um Moos zu sammeln, einen Schimmer der Prinzessin, von einer hohen Bergspitze aus, zu sehen bekommen. Sie hatten alsogleich ihre Traglasten abgeworfen und waren hinunter ins Dorf gestürzt, um zu erzählen, dass etwas Helles und Zartes über den Waldweg reite, dass schöne Menschen unter den Bäumen einherzogen. Aber niemand, der sie hörte, wollte ihnen Glauben schenken. »Wehe euren trüben Augen!«, rief man ihnen zu. »Das kann keine Prinzessin gewesen sein; das war sicherlich nichts anderes als der Moornebel, der unter den roten Fichtenstämmen tanzte.«

Gleich nach den alten Weiblein kam Rasmus, der Köhlerjunge, gelaufen. Die Augen leuchteten in seinem Gesicht, und er war so atemlos, als er ins Dorf kam, dass er kaum zu sprechen vermochte. Aber sobald er Atem genug hatte, begann er überlaut zu rufen: »Freut euch! Die Prinzessin kommt! Ich habe die Schöne unter den Bäumen reiten sehen. Freut euch!«

Rasmus, der Köhlerjunge, hatte auf dem dreieckigen Platz mitten im Dorf halt gemacht, da, wo drei Wege sich begegnen. Ein paar Bauern standen da und flüsterten miteinander davon, dass der Krieg mit Norwegen bald aufs Neue ausbrechen würde, und als sie Rasmus hörten, glaubten sie, er wollte seinen Spott mit ihrem Unglück treiben. »Bärenjunges«, sagten sie und drohten ihm mit den Fäusten, »schweig, wenn dir dein Leben lieb ist! Kein Wort mehr davon, du Wechselbalg!«

Aber Rasmus, der Köhlerjunge, war nicht so leicht zum Schweigen zu bringen. Er begann noch einmal mit seinem Sprüchlein: »Die Prinzessin kommt. Die Vögel des Fichtenwaldes hörte ich zwitschern, um sie zu grüßen. Wie sie einherzog, schwang sich das Eichhörnchen aus den Baumwipfeln herab und saß still auf dem untersten Zweig, den Schwanz aufrecht in die Höhe und mit Augen wie Feuerkohlen. Und der Auerhahn flog zwischen den Bäumen auf, knatternd wie Donner.«

Als er dies gesagt hatte, stürzte Per, der Schmied, vor und nahm Rasmus, den Köhlerjungen, beim Ohr. »Die Prinzessin!«, zischte er ihn an, »du sagst, dass du die Prinzessin gesehen hast! Es war ein Geist, verstehst du, ein schöner Waldgeist. Die Prinzessin kommt nicht. Gott erbarme sich, die Prinzessin kommt nicht!«

Aber obgleich niemand das Gerücht glauben wollte, lief es im Augenblick durchs ganze Dorf, und Leute kamen von allen Seiten auf den Platz, um zu hören, was der Knabe zu sagen hatte. Das Storgarddorf war während des damaligen Krieges zum größten Teil verbrannt worden und bestand nun zumeist aus schwarzen Brandstätten, auf denen man aus Furcht vor dem Krieg nicht gewagt hatte, neue Häuser zu errichten. Aber aus Kellern und elenden Erdlöchern, in denen die Menschen hausten, kamen sie herangeschlichen, abgezehrt und in Lumpen. Sie gingen sehr still und trauten sich kaum recht, zu Rasmus, dem Köhlerjungen, hinzutreten, so, als wagten sie es nicht, seine Botschaft zu hören.

Aber als Per, der Schmied, sah, dass ihrer immer mehr kamen, kniff er den Jungen so derb ins Ohr, dass er jammerte. Gleichzeitig versuchte der Schmied mit klugen Worten den Knaben zum Schweigen zu überreden.

»Du sollst keinen Scherz mit uns armen Bauern treiben, die im Grenzland leben, in diesen schlimmen Zeiten, wo die Könige des Nordens den Frieden nicht halten«, sagte er. »Wir sind Schafe, die von der Herde getrennt wurden. Wir werden von Bären gejagt, wir werden in Abgründe gestürzt. Jeden Tag und jede Stunde blicken wir dem Tod ins grimmige Antlitz.« Während der Schmied sprach, kamen immer mehr und mehr Bauern zusammen. Da kam einer mit Namen Hallvard, der am vorigen Tag so sicher gewesen war, dass der Krieg von Neuem beginnen würde, dass er seine Schatzkiste hinaus auf die Heerstraße gestellt und alle Vorübergehenden gebeten hatte, daraus zu nehmen, was sie wollten. Und da kamen die Leute aus Westerhof, die all ihr Erbgut in Bier und Essen verwandelt hatten und den Krieg erwarteten, indes sie sich in Sünden wälzten; und zum Schluss kamen die Menschen von einem kleinen Hof ganz am Ende des Dorfes, die sich jüngst daran gemacht hatten, selbst ihr Heu zu verbrennen und ihr Vieh zu schlachten, damit die Norweger keinen Nutzen davon haben sollten.

Als der Schmied all diese Menschen kommen sah, stumm und still, aber mit Augen, in denen der Wahnsinn brannte, da erschrak er vor dem Gedanken, dass sie zu allem fähig sein könnten, wenn sie jetzt in ihrer Hoffnung auf Frieden genarrt würden.

»Begreifst du nicht, dass es die Waldelfe war?«, sagte er wieder zu Rasmus und sprach laut, damit alle ihn hören sollten. »Die geht dort oben im Wald um und lächelt und winkt und verdreht euch Köhlern den Kopf.

Das kannst du dir wohl denken, dass die Waldelfe weiß, dass König Inge mit dem norwegischen König Magnus im vorigen Sommer zu Kungahälla über den Frieden verhandelte. Sie weiß wohl, dass da als Friedensbedingung festgelegt wurde, dass Inges Tochter nach Norwegen kommen und sich mit König Magnus vermählen soll. Und da die Waldelfe sich nun denken kann, dass wir alle einhergehen und nach der Friedensjungfrau spähen, verzaubert sie unsre Augen und zeigt sich in der Gestalt einer Prinzessin. Solchen Schabernack spielt das Trollpack nur zu gerne.«

Rasmus, der Köhlerjunge, stand still und hörte Per, dem Schmied, ganz scheinheilig zu, sodass dieser glaubte, er hätte den Knaben überzeugt, und ihn losließ. Aber kaum war Rasmus befreit, als er auch schon noch lauter als vorher zu schreien begann: »Die Prinzessin kommt! Ich habe die Prinzessin gesehen!« Und damit man ihm glauben sollte, erzählte er von der Krone, die gleich einer Blume mit Perlentau geschmückt war, und von der Satteldecke, die so prächtig leuchtete wie der rote Fliegenpilz.

Aber da trat das alte Mütterchen Sigrid Torsdotter aus der Menge. Sie schwang ihren Stock hoch in die Luft und begann zu rufen: »Wer ist es, der sagt, dass die Prinzessin kommt? Ich weiß, was kommt. Den lieben langen Winter saß ich allein in meiner Hütte und sah den Rauch vom Herd aufqualmen. Aber jeden Abend war der Rauch voll Zeichen. Er füllte sich vor meinen Augen mit Gestalten, die Schwert und Panzer trugen. Und ich weiß, was es bedeutet, wenn der Rauch voll

Krieger ist. Es sind die Vorboten des Krieges, die in dunkler Nacht, wenn wir in tiefem Schlummer liegen, an unsere Häuser herangeschlichen kommen. Wir hören sie nicht, wenn sie nahen, denn wir schlafen, aber wir erwachen, wenn der rote Hahn auf dem Dach zu krähen beginnt, wenn wir erstickt werden in unseren raucherfüllten Hütten, wenn die Mannen des norwegischen Königs das Siegesgeschrei ausstoßen.«

Alle Menschen fühlten Schauer der Furcht, als sie Sigrid Torsdotter hörten, aber der Köhlerjunge stellte sich ihr gerade in den Weg.

»Ich schere mich einen blauen Teufel um eure Rauchwolken«, sagte er. »Ich habe die Prinzessin gesehen. Zart und schön leuchtete ihr Angesicht unter der Krone.«

Per, der Schmied, der für die getäuschten Hoffnungen der armen Menschen fürchtete, warf sich über Rasmus, den Köhlerjungen, und schleifte ihn fort zu der Erdhöhle, wo er seine Schmiede hatte, steckte ihn dort hinein und wälzte vor den Eingang einen großen Stein, der als Tür diente.

Aber Rasmus schrie ohne Unterlass: »Ich habe die Prinzessin gesehen! Ihr solltet euch freuen, dass sie kommt!«

Aber kaum hatte Per, der Schmied, den Köhlerjungen fortgeschafft, als ein Mann, der seit mehreren Jahren friedlos im großen Wald umherwanderte, hinab ins Dorf kam. Er sah aus wie ein wildes Tier, in seinen Fellen und mit seinem langen, ungestutzten Bart, aber er lachte laut vor Freude und schwenkte einen grünen Zweig über seinem Haupt als Friedenszeichen. Er lief durch das ganze Dorf, blieb bei jedem schwarzen Brandplatz stehen und rief so laut, dass man es bis hinab in die dunklen Keller hörte, in denen das Volk wohnte: »Die Prinzessin kommt. Ich habe die Prinzessin gesehen.«

So kam der Friedlose auch zu Folkes, des Landrichters großem Hof, und rief dort ebenso laut, aber Folke, der Landrichter, der ihn hörte, kam alt und gebückt aus einem Kellergang und rief ihm zu: »Friede sei mit dir, du Friedloser. Du musst nicht mit Lügen kommen, um uns zu locken, dir zu verzeihen. Ich hebe den Fluch von deinem Haupt. Du sollst nicht in den Wald zurückkehren. Wir sind selbst gleich Friedlosen; wir verdammen keinen, geächtet von uns zu gehen.«

»Warum willst du mir nicht glauben?«, sagte der Friedlose. »Weißt du nicht, dass König Inge gelobt hat, im Lenz die Friedensjungfrau zu entsenden.«

Als er dies sagte, sah der Alte ihn mit müden, hoffnungslosen Blicken an. »Nicht weiß ich, dass es jetzt Frühling ist«, sagte er. »Freund, für uns arme Bauern ist nun Herbst und Frühling ein und dasselbe. Für uns kann der Schnee auf dem Acker liegen bleiben, denn wir werden ihn nicht mit unseren Pflügen furchen. Der Regen mag in den Wolken hängen bleiben und der Samen still in der Erde liegen, ohne zu keimen und zu wachsen. Wir werden nicht säen noch ernten. Wir sitzen still und harren des Verderbens.«

Aber mittlerweile kamen arme Jäger und Knechte, die ihren Herren entlaufen waren, aus dem Wald herab und brachten dem Volk, das sich auf dem dreieckigen

Platz versammelt hatte, neue Kunde. Aus vielen Augen begann die Hoffnung zu leuchten, nur das alte Mütterchen Sigrid Torsdotter saß noch trübe und düster da und erzählte von ihren Träumen.

»Wehe dem, der hofft, ehe er die Prinzessin mit eigenen Augen geschaut«, rief sie. »Wenn es am Waldessaum flimmert von einem silberbehuften Fohlen, wenn die Perlenkrone übers Tal leuchtet, dann ist es Zeit für die Grenzbauern, zu hoffen.«

Kaum hatte sie dies gesagt, als Karin Wullum und Valborg Toot ein »Mutter Gottes, hilf uns!«, ausstießen und zum Waldessaum aufsahen, wo der Weg aus dem dichten Wald wie aus einem Kellergewölbe hervorkam.

Und alle begannen durcheinander zu rufen: »Kommt her und seht! – Was ist das? Mutter Gottes, hilf uns! – Beschattet eure Augen mit der Hand und blickt zum Wald auf! – Macht das Kreuzeszeichen und seht zum Wald auf! – Ist es nicht eine Jungfrau, die dort naht, mit herrlichem Tross? Sehen wir sie alle?«

All die erschreckten und verwilderten Menschen begannen zu rufen und die Hände emporzustrecken.

»Ist dies nicht ein Waldgeist?«, schrien sie. »Ist es nicht ein Gaukelspiel der Hölle? Sehen wir alle eine Prinzessin?«

Sie warfen sich auf die Knie und fingen an, zu beten und fromme Lieder zu singen. Sie eilten zum Glockenstuhl und läuteten, um zu prüfen, ob die schöne Jungfrau ein Troll war und Glockengeläute fürchtete. Aber als die alte Sigrid Torsdotter mit ihren weitsichtigen

Augen sah, dass eine Jungfrau aus dem dunklen Wald
geritten kam, da zögerte sie nicht mehr, sondern war
die Erste, die rief:

»O du Liebe, du Zarte, du Morgensonne und Blume.
Du bist keine Waldelfe, du bist eine Königstochter!
Dankt, lobt den Herrn! O Teure, dass du endlich ge-
kommen bist! Dass du nun hinabreitest in unser Tal!«
Sigrid Torsdotter schwang den Stock hoch über ihrem
Haupt, und von allem Volk gefolgt, eilte sie der Prin-
zessin entgegen.

»Du Liebe, du Reine, du Morgensonne und Blume!«,
riefen sie alle ihr zu.

Und als sie ihr ganz nahe waren, riefen sie:

»Du Liebe, du Zarte, wie leuchtest du herrlich unter
der Krone, schlage das Seidentuch zurück. Lass uns dich
recht sehen!«

Sie drängten sich dicht an den großen schwarzen
Traber, der feierlich einherschritt unter seiner Purpur-
decke, mit großem wehenden Federbusch am Ohr, die
Mähne in Flechten geteilt und mit Goldbändern durch-
wunden.

»Du Liebe, du Reine!«, riefen sie. »Es ist wohl sanft,
das große schwarze Pferd. O, Liebe, dass du endlich
gekommen bist!«

Wie Margareta Fredkulla, die Friedensjungfrau, geritten kam, folgten ihr viel edle Herren und Frauen aus
ihres Vaters Land, aber vor ihrem Pferd ging ein armer
Bauer, der eine zerbrochene Lanze in der Hand trug
und unablässig rief: »Hier reitet die schöne Friedensjungfrau. Hier reitet Margareta Fredkulla!«

Während ihres ganzen Rittes durch das Grenzland hatte die Prinzessin gesehen, wie Ruhe und Freude sich unter dem Volk ausbreitete. Wohin immer sie gekommen war, hatte sie Bauern gesehen, die den Pflug in die Erde senkten, und Hausmütter, die Linnen auf die Bleiche trugen. Hungrige Herden waren auf die Weide geführt worden; die Jugend hatte wieder gewagt, sich mit Armspangen und Ringen zu schmücken. Helme und Schwerter waren in die Waffentruhe geworfen worden.

Wo immer sie vorbeigezogen war, waren ihr Kinder und Frauen mit Blumen und mit zartem Frühlingslaub entgegengeeilt. Und oben im tiefen Wald war der alte wilde Köhler gelaufen gekommen und hatte sie in seine Hütte gebeten und ihr erfrorene Beeren vorgesetzt. Aber niemals war die schöne Königstochter mit solcher Freude begrüßt worden wie im Storgardsdorf. Ein paar der Männer nahmen das Pferd am Zügel und begannen, es behutsam den steilen Abhang hinabzuführen.

»Gott segne dich!«, riefen sie ihr zu. »Gott segne dein schönes Angesicht! Gott segne dich, Fredkulla!«

Während der Zug sich hinab zum Storgardsdorf bewegte, liefen die Bauern neben der Königstochter einher und erzählten ihr keuchend, wie sie geharrt und gelitten. Sie sagten ihr alles, was sie während des langen Unfriedens ausgestanden.

Als sie endlich hinab auf den dreieckigen Platz gekommen waren, nahm Fredkulla die Zügel an sich und hielt den stattlichen Traber an. Sie hatte nie zuvor so viel Elend gesehen. Sie sah auf die Brandstätten, die geplünderten Häuser und auf die armen Menschen.

Und ihre Augen füllten sich mit Tränen. Aber da küssten die Bauersfrauen ihre Hände und riefen ihr zu, nun wären sie nicht mehr betrübt, da sie gekommen sei. Nun hatten sie die Friedensjungfrau in ihrer Mitte, nun waren ihre Leiden vorüber.

»Denke nicht an uns, o Fredkulla«, sagten sie, »weine nicht über unser Elend. Denke an König Magnus, den herrlichen Helden, dem du angehören sollst. Lächle ihm in Huld. Streichle in Gedanken sein langes helles, seidenblasses Haar.«

Und da sie noch immer still auf dem Pferd saß und weinte, fingen sie alle an, sie zu trösten.

»Jetzt ist es nicht Zeit zu weinen, Jungfrau«, riefen sie. »Siehst du, hier liegt der Älf, und am andern Ufer ist Norwegen, da ist das schiffreiche Kungahälla, wo dein Bräutigam deiner harrt. Gott segne dich! König Magnus freut sich wohl der Stunde, da er dich in seine Arme schließen darf. Sieh, Jungfrau, nun weiß man es schon längs der Älfgestade, dass du gekommen bist. Sieh die Freudenfeuer, die auf allen Hügeln aufflammen! Sieh das Volk hinab zum Älf strömen! Und höre, dort drüben rufen sie schon: ›Fredkulla, Heil!‹ Du kannst die Worte hören, sie werden deutlich über das Wasser getragen.«

Aber Fredkulla ließ sich nicht trösten, sondern hielt noch immer betrübt das Pferd an und ließ ihre Blicke von dem einen zum andern wandern. Alle waren krank und zerlumpt. Sie sahen so verwildert aus, dass sie nicht mehr menschenähnlich waren.

Da erhob sie die Hand zum Zeichen, dass sie sprechen wollte, und es wurde still rings um sie.

Dann sprach Margareta Fredkulla auf dem Platz des niedergebrannten Storgarddorfes, und alle die armen Menschen hörten sie, und ebenso hörten sie die hohen Herren und Frauen, die in ihrem Gefolge ritten.

»Ich will, dass ihr alle es im Sinn behaltet, was ich nun gelobe, bei Gott und allen Heiligen. Solange ich Worte auf meiner Zunge, solange ich Blut in meinem Herzen habe, solange will ich dem Werk des Friedens dienen.«

Hier verstummte sie, als begriffe sie, dass in diesem Versprechen eine Gefahr lag, und dann fügte sie hinzu: »Und sollte es mich auch Glück und Leben kosten.«

Als die Königstochter dieses Gelöbnis abgelegt hatte, blickte sie mit freudigem Mut auf und weinte nicht mehr. Sie trieb das Pferd auf dem Weg vorwärts, der hinab zur Flussfähre führte. Aber da saß am grünen Wegesrand ein kleiner Hirtenbube. Der war so froh wie nur irgendeiner, und er wollte der Prinzessin das Beste geben, was er hatte. So fing er an, ihr ein kleines Liebeslied vorzusingen, von einem König hoch oben im Norden, der sich nach der Kaisertochter im Morgenland sehnte.

Und wieder saß Fredkulla still auf dem Pferd und lauschte dem Knaben, der mit hoher und klarer Stimme sang:

> Eine gibt es, die mich bindet,
> Tag und Nacht an sie zu denken.
> Und sie wird doch nimmer, nimmer
> Mir ihr Herz in Liebe schenken.

Die holde Maid im Osten
Hat kriegerischen Mut;
Matilda, Kaiserstochter,
Dir weih ich Gut und Blut,

Nichts köstlicher auf Erden
Als stolz-vielliebe Fraue.
Ach, nun folget mir mein Sehnen
Wohl über Feld und Aue.
Vom Thing die Sorge reitet
Still neben mir zu Pferde,
Die Sorge, dass ich niemals
Der Schönen Liebster werde.

So lautete die Weise, und als die Königstochter sie zu
Ende gehört hatte, lächelte sie dem Knaben zu und fragte,
wer sie gedichtet hätte. Und da war keiner, der die Antwort des Hirtenknaben zu verhindern gewusst hätte.

»Es ist König Magnus, der das Lied gedichtet hat, in
Gedanken an Matilda, des Kaisers Tochter.«

Ach, welche Betrübnis ergriff da die liebliche Fredkulla.

»Hat König Magnus die Weise gedichtet!«, rief sie.
»Was soll ich dann bei ihm, der sich in Liebessehnsucht
nach der Kaiserstochter des Morgenlandes verzehrt? Für
mich hat er keine Weisen gedichtet, die von Mund zu
Mund gehen, wohl übers ganze Land. Zu mir trägt er
keine Liebe im Herzen.«

Und in großer Bestürzung vernahmen die armen
Bauern, wie die Jungfrau ihr Gefolge rief.

»O, liebe Herren und gute Frauen, geleitet mich wieder heim! Habt Erbarmen mit mir, ihr meines Vaters gute Diener! Lasst mich nicht zu König Magnus ziehen. Höret ihr nicht das Lied? Nicht nach mir schmachtet er, dieser Mann. Er sehnt sich nach einer schönen Kaisertochter.«

Als Fredkulla dies sagte, hörte sie, wie die Volksschar, die den Weg entlang stand und wartete, laut rief: »Fredkulla, Heil!« Und von all den Tausenden, die aus dem großen Kungahälla strömten, um sie zu empfangen, ertönte es in vielstimmigem Widerhall: »Fredkulla, Heil!« Aber die Jungfrau fuhr fort, zu klagen und zu bitten. »Liebe, gute Herren und edle Frauen, führet mich heim! Hörtet ihr nicht das Liedchen? Wir begehen eine Sünde gegen den König. Ich will mir den Namen einer Königin nicht erzwingen. Ich will nur heim.«

Doch all die Menschen, die am Älfgestade standen, riefen immer wieder: »Fredkulla, Fredkulla!«

Da hielt Fredkulla sich die Hände vor die Ohren. Sie hatte schon das Pferd gewendet und es mit lauten Zurufen vorwärtsgetrieben.

»Ach, dass das Volk doch schwiege«, sagte sie. »Fredkulla rufen sie, aber es wird wohl auch Friede werden, wenn ich nicht komme. König Magnus beginnt keinen Krieg um meinetwillen. Es bringt ihm nur Freude, wenn ich wieder heimkehre.«

Noch immer riefen die Leute, die am Wegessaum standen und warteten, »Fredkulla«. Aber alle, die am nächsten standen, fingen an zu fragen und sich zu ver-

wundern: »Wohin reitet sie? Wohin reitet sie?« Und als
sie sahen, dass sie hinauf zum Wald reiten wollte, da
stürmten sie ihr nach.

»Höre, Königstochter, was diese alte Frau sagt«, riefen
sie.

»Ich bin gebeugt von der Last der Jahre«, sagte sie,
»soll mir nun der Krieg meinen Sohn rauben?«

»Nun, Königstochter«, schrien sie, »nun werden alle
Türen im ganzen Tal ins Schloss fallen. Nun werden
die Waffentruhen geöffnet! Der Bauer wird die Pflug-
schar aus der Erde reißen. Warum hältst du die Hände
vor die Ohren? Du musst hören, hören, hören!«

»Fredkulla«, riefen sie, während sie hinter ihr her
jagten. »Du trägst deinen Namen vergebens. Fredkulla, wir wagen nicht, Samen in die Erde zu streuen!
Fredkulla, unsere Tochter wird dieses Jahr nicht
Hochzeit feiern! Fredkulla, wenn unsere Gehöfte nie-
dergebrannt sind, werden unsere alten Frauen einen
Schandpfahl aufrichten auf der verbrannten Erde, und
darauf werden sie deinen Namen schreiben, Fredkulla, Fredkulla!«

Der ganze Haufe aus dem Storgardsdorf war hinter
ihr her. Sie brüllten rings um sie, all die unglücklichen
Menschen.

»Fredkulla, denke an uns, wenn wir fallen! Wenn uns
unsere Herden geraubt werden, denk an uns! Wenn wir
wilde Taten verüben, denke an uns! Denke an uns, wie
wir immer an dich denken werden!«

»Du darfst nicht heimwärts reiten, Jungfrau. Du
darfst nicht von uns reiten. Was hast du eben erst

geschworen, du Meineidige! Hörst du, was das Volk dir vom andern Älfgestade zuruft?«

Und das Volk aus dem Storgardsdorf umringte Fredkulla und warf sich vor ihr auf den Weg.

»Über unsere Leiber, Jungfrau, kannst du heimreiten!«, riefen sie.

Aber einige küssten die Hände der Jungfrau und baten leise und herzinniglich: »O, bleibe, reite nicht von uns fort!«

Sie sah, dass sie ihr nichts zuleide tun wollten. Aber das arme, elende, kriegsmüde Volk wusste sich keinen Rat. Einige griffen nach den Zügeln des Pferdes, um es umzuwenden.

Da hielt Fredkulla ihr Pferd an, obgleich sie wohl wusste, dass sie unversehrt nach Hause reiten konnte, denn wenn auch einige wilde und friedlose Männer aus dem Wald da waren, denen sie Verzeihung versprochen, und die nun drohend die Messer gegen sie zückten, so küssten sie doch gleichzeitig den Saum ihres Gewandes. Sie ließ die Reitgerte mitten in die Schar sausen und rief: »Hinweg, hinweg!« Und als die Bauern das sahen, wichen sie von ihr zurück und standen da, von Verzweiflung gelähmt. Sie sahen, dass eine solche Angst auf ihr lastete, dass sie es nicht wagten, ihre Barmherzigkeit anzurufen.

»Dein Wille geschehe, o Jungfrau!«, riefen sie. »Dein Weg ist frei.«

Fredkulla saß regungslos, und ihre Blicke glitten sehnsuchtsvoll zu den bewaldeten Hügeln in der Ferne, hinter denen die Heimat lag, in die sie fliehen wollte –

wie ein verwundetes Tier in seine Höhle flieht. Eine
lange Weile blieb sie so sitzen und starrte aus Augen,
die so heiß waren, dass jegliche Träne in ihnen vertrock-
nete. Dann wandte die Königstochter ganz still ihr
Pferd und ritt wieder hinab ins Tal. Sie kehrte um, freiwillig, nicht gezwungen, aus Liebe zu dem großen schönen Frieden. Wieder ging es hinab ins Tal, aber nicht
rasch und munter, nur Schritt für Schritt.

Sachte ritt Fredkulla den Waldabhang hinab zum
Storgardsdorf, vorbei an den Brandstätten, hinunter
zum Älf und zur Fähre.

Das Volk schlich stumm hinter ihr her und flüsterte
und sagte, man sollte die Jungfrau ungestört lassen;
niemand sollte es wagen, ihre Tat zu preisen.

Als Fredkulla in dem großen Nachen über den Älf
fahren sollte, da stieg sie vom Pferd und blieb stehen
und blickte ins Wasser hinab und begann leise zu sich
selbst zu sprechen.

»Siehst du hier dieses große Wasser«, sagte sie, »das
unerbittlich hinab zum Meer fließt? Die weichen Wogen, sie dürfen nicht zögern, sich in die Umarmung des
Starken zu werfen, wenn es auch bitter und furchtbar
scheint. Wenn die Welle auch eine kleine friedliche
schilfumkränzte Bucht findet auf ihrem Weg, nie darf
sie dort weilen. Und wenn sie zurückkehren wollte zu
dem friedlichen Quell im tiefen Versteck des Waldes –,
sie kann es nicht. Sie muss vorwärts, immer, unerbittlich vorwärts. Siehst du, so will es die Bestimmung. Du
musst die sanfte Welle sein, die in den Unfrieden der
Welt gegossen werden soll.«

Aber mittlerweile kamen ein paar stolze Rittersleute aus Kungahälla geritten und näherten sich der Fähre. Möge nun die Jungfrau den Blick vom Boden erheben! Möge sie König Magnus schauen! Auf dem Helm ruht der goldene Löwe, der sein Wahrzeichen ist; es flattert das Banner über seinem Haupt, es leuchtet sein rotseidenes Gewand. Möge sie ihn sehen! Er selbst ist des Nordens Löwe! Möge sie sehen, wie das lange, seidenblasse Haar um die Schultern flattert. Da kam er. Eine Staubwolke flog vor ihm auf. Er kam. Ein schwarzer Schatten ritt im Abendsonnenschein weit über das Feld, und die Erde bebte unter dem Ritt.

Schlage die Augen auf, Jungfrau, und lächle dem Bräutigam zu! Denke nicht mehr, dass du dich unter diese raschen Hufe, die dir entgegenkommen, werfen wolltest, um dem Tod zu begegnen.

Die Königin auf der Ragnhildsinsel

Es war einmal ein König, der von Osten den Nordre Älf entlanggeritten kam, um hinab nach Kungahälla zu ziehen. Das Jahr neigte sich seinem Ende zu. Die Luft war schwer und der Himmel grau, so wie es um diese Zeit oft ist.

Der Pfad, über den der König ritt, schlängelte sich über hügelige Strandwiesen. Hier und dort lugten Erlengebüsche aus den Riedgrashügeln hervor, und längs des Weges hatten sie sich so gehäuft, als wären sie neugierig, den Vorüberreitenden zu sehen. Sie drängten sich sogar hinaus auf den Weg, sodass es dem König schwer wurde, sein Pferd zwischen ihnen hindurchzuführen.

Die Jahreszeit war so vorgerückt, dass alles entlaubt und alles Leben in Wiese und Wald zur Ruhe gegangen war. Auf dem Boden lagen die Sommerblätter blass und verwelkt, und von dem langen Herbstregen waren sie zu einer fahlen Decke zusammengedrückt worden, unter der zahllose Spinnen und Erdschnecken im Winterschlaf lagen.

Grau und neblig war es ringsumher, und der König dachte: »Das ist kein schöner Weg für einen König.« Aber gerade vor ihm am Wegesrand erhob sich der schöne Fontinsberg.

Ganz unten am Fuß ward er von klargelbem Sand umgürtet, dann erhob sich lotrecht ein Stück nackte Bergwand; eine Reihe blaugrüner Fichten lief um einen schmalen Vorsprung. Höher hinauf war zersplittertes Gestein, von kleinen blinkenden Rinnen durchfurcht, dann kam eine Reihe Birken mit weißen Stämmen und rotbraunem Geäst. Dann erhob sich ein tiefgrüner Tannenwald, der dicht und kräftig oben auf der flachen Bergeshöhe wuchs. – Aber der König hatte keine Freude daran, dem schönen Berg so nahe zu sein, denn Nebelzipfel strichen über die Bergwand, und Wolkenzapfen hingen über sie hinab, und aus allen Klüften und Gehölzen stieg grauer Regenrauch auf. Und so kam es, dass der vielfarbige Fontinsberg den König ebenso grau dünkte wie alles andere.

Der König seufzte tief und schwer, indes er durch die Erlenbüsche ritt, die auf ihn und sein Pferd einen ganzen Regen großer Tropfen schüttelten.

Mit einem Mal wurde er so betrübt, wie er wohl noch nie gewesen war.

›So ergeht es mir immer‹, dachte er, ›alles ist grau und regnerisch, wohin ich auch komme. Segle ich auf dem Meer, so steigt der Nebel auf, dass ich die Hand vor dem Auge nicht sehe, und reite ich des Nachts aus, so hüllt der Mond sich in die schwärzesten Wolken, um mir nicht leuchten zu müssen.‹

»Ich glaube, wenn ich einmal zum Himmel fahre«, sagte der König zu sich selbst, »werden alle Sterne erlöschen. – So ist es mit allem, was ich unternehme! Anderen Königen wurde Pracht und Ehre und Ruhm und Glanz, aber ich bin ein richtiger König Nebelwetter. Ich habe nur an Aufruhr zu denken, und ein großer Teil des Landes verweigert mir den Gehorsam. Da ging es den alten Königen anders, sie saßen in Uppsala und regierten das ganze Reich. Denen konnte es freilich gefallen, König zu sein. – Gott hat es wohl so bestimmt, dass es mir allezeit so ergehen soll!« Gleichzeitig kämpfte er gegen diese trübe Stimmung an. Er hielt das Pferd an und horchte, ob nicht Vogelgezwitscher als gutes Zeichen gedeutet werden könnte. Aber der Himmel war glattgrau, und der Berg stand in Nebel gehüllt, und alle Vögel waren fortgezogen. Der einzige Laut, den man in der sumpfigen Gegend hörte, war der leichte Klang von Wassertropfen, die von den Erlenzweigen zu Boden fielen.

Und das Haupt des Königs sank immer tiefer.

»Ich möchte etwas Brennendrotes sehen«, sagte er. »Etwas Rabenschwarzes möchte ich sehen, das Goldglanz in der Tiefe hat; ich möchte klaren Gesang und klingendes Lachen hören.«

Wieder sah er sich um, aber alles war unverändert, und er merkte, dass selbst der sonst so glitzernde Fluss dunkel wie die Nacht zwischen den Schilfgestaden dahinfloss. Da wurde er so niedergeschlagen, dass alles, was er sein Eigen nannte, ihn hässlich und wertlos dünkte. Er dachte an seinen schönen Königshof, als wäre er eine elende Köhlerhütte. All seine Siege verwandelten sich in Niederlagen, und all seine Untertanen schienen ihm schmähliche Schurken oder arme Bettler.

Aber gegen all das ließe sich noch ankämpfen, dachte er, wenn nicht meine Königin das Härteste von allem wäre. Es ist doch ohnehin schon schwer genug zu leben, muss ich auch noch damit gequält werden, an eine Frau zu denken. Die Sorge, die ich für das Reich trage, ist so groß, dass sie mir keine ruhige Stunde lässt. Und doch verlangen die Menschen von mir, dass ich mir eine neue Last aufbürde.

Es verhielt sich so, dass der König mit einer norwegischen Königstochter vermählt war. Seine Königin war eine reiche und mächtige Prinzessin, aber das Unglück wollte es, dass man sie dem König schon angetraut hatte, als sie noch ein Kind war. Man hatte das so einrichten müssen, damit kein anderer kam und sie wegholte, aber nun wäre es dem König lieber gewesen, nicht an sie gebunden zu sein.

Schon seit dem Hochzeitstag hauste die Königin auf einer kleinen felsigen Insel, die im Nordre Älf gerade gegenüber von Kungahälla lag und Ragnhildsinsel genannt wurde. Dort hatte man einen Turm aus Stein gebaut, damit sie wohlbehütet aufwachsen konnte, bis sie alt genug war, um von ihrem Gatten heimgeholt werden zu können.

Aber der König hatte sich all die Zeit gar nicht um sie gekümmert, obgleich er wohl wusste, dass die Königin herangewachsen war, und viele ihn daran erinnerten, dass er sie nun heimführen müsste. Er konnte sich kein Herz fassen, sie an seinen Hof zu holen. Er schützte schwere Zeiten und Aufruhr vor; und Jahr um Jahr ließ er die Königin in dem grauen Turm mit ein paar alten Frauen, die ihr aufwarteten. Sie bekam nichts anderes zu sehen als den grauen Fluss.

Nun war er endlich auf dem Weg, die Königin zu holen. Aber während er so an sie dachte, war ein solcher Missmut über ihn gekommen, dass er sich von seinem Gefolge getrennt hatte, um allein zu reiten und ungestört gegen seinen Kummer ankämpfen zu können.

Er kam nun aus den Erlen heraus und ritt über eine weite Wiese. Wenn Sommer gewesen wäre, hätte er hier große Herden von Kühen und Schafen gesehen, aber nun war es gänzlich öde und nichts anderes zu erblicken als aufgewühlter Boden und abgeweidete Grashügel. Und der König gab seinem Pferd die Sporen und ritt, so rasch er konnte, über die Wiese, um nicht noch missmutiger zu werden, als er schon war.

Er war ein tapferer Mann, und hätte die Königstochter in einem verzauberten Schloss gefangen gesessen, von Riesen und Drachen bewacht, er wäre spornstreichs geritten gekommen, um sie zu befreien; aber nun wollte es das Unglück, dass sie wohlverwahrt in ihrem Turm saß und auf ihn wartete, und dass niemand auf der ganzen weiten Welt sie ihm streitig machte.

Er bereute es bitter, dass er sich schon mit ihr vermählt hatte.

»Alles, was groß und stolz und schön ist, das bleibt mir verweigert«, sagte er. »Nicht einmal das ist mir beschieden, mir mein Weib erkämpfen zu können.«

Er ritt immer langsamer und langsamer, denn nun lief der Weg einen steilen Hügel hinan, und auf der anderen Seite fing die lange Straße von Kungahälla an.

Von der Kuppe des Hügels sah der König deutlich die kleine Ragnhildsinsel vor sich, wo seine Königin saß und auf ihn wartete.

Er sah sie düster mitten in dem schwarzen Älf liegen; er sah die grauen Torfwälle über den fahlen Erdboden laufen; er sah die Steinwände des Turmes. Alles dünkte ihn unheimlich und abschreckend. Da war kein Heidekrauthügelchen, das ihm entgegenglühte; kein grünes Hälmchen leuchtete auf der Weide. Der Herbst hatte alles mit Stumpf und Stiel ausgerottet. Aber wonach der König sich sehnte, das war blitzendes Rot, ein scharfes Schwarz, das ins Goldene spielt, und er glaubte zu wissen, dass hier nicht der rechte Platz war, um das zu finden. Je länger er den Turm ansah, desto klarer wurde es ihm, dass er aus dem Felsen selbst hervorgewachsen sein musste. Es schien ihm unmöglich, dass er auf gewöhnliche Weise von Menschen errichtet worden sein sollte. Der Berg selbst war es, der einmal hatte wachsen wollen, so wie Wald und Gras aus der Erde wachsen. So musste der Turm entstanden sein.

Wie er nun an seine Königin dachte, die dort aufgewachsen war, glaubte er, sie müsse einem grob behauenen Steinbild gleichen, wie er es über dem Eingangstor einer Kirche gesehen. Er dachte sie sich als eine graue Gestalt mit langem unbeweglichem Gesicht, plattem Körper und mit Händen und Füßen, die zweimal länger und breiter waren, als die irgendeines anderen Menschen.

Aber das ist mein Schicksal, dachte der König und ritt weiter. Und er kam der Fähre so nahe, dass der Wächter auf der andern Seite das Horn zu den Lippen hob, um die Ankunft des Königs zu verkünden. Die Zugbrücke wurde aufgezogen und das Tor des festen Turmes öffnete sich.

Da erhob der König das Haupt und hielt das Pferd an.

»Ich bin ja doch noch König«, sagte er, »und kein Mensch kann mich zwingen, das zu tun, was ich nicht will. Niemand auf der ganzen Welt kann mich bewegen, diesem Steinbild zu begegnen. Ich muss doch wohl irgendetwas davon haben, dass ich ein König bin.«

Damit drehte er sein Pferd herum und ritt denselben Weg zurück, den er gekommen war. Er ritt in stürmender Eile, gleichsam als hätte er Angst, gefangen zu werden; und er verlangsamte den Trab seines Pferdes nicht eher, als bis er in das Erlengebüsch auf den Strandwiesen unter dem Fontinsberg gekommen war.

Die Königin musste weiter in dem Turm sitzen und trauern und sich sehnen. Und sie hatte zarte Wangen, und brennende rote Lippen; sie hatte wallendes, rabenschwarzes Haar, golddurchsponnen; sie hatte eine Stimme klar wie Gesang und ein klingendes Lachen.

Aber was half das dem König? Er ritt fort, über den schmalen Weg zwischen den Erlen.

Die Legende vom Vogelnest

Hatto, der Eremit, stand in der Einöde und betete zu Gott. Es stürmte, und sein langer Bart und sein zottiges Haar flatterten um ihn, so wie die windgepeitschten Grasbüschel die Zinnen einer alten Burgruine umflattern. Doch er strich sich nicht das Haar aus den Augen, noch steckte er den Bart in den Gürtel, denn er hielt die Arme zum Gebet erhoben. Seit Sonnenaufgang streckte er seine knochigen behaarten Arme zum Himmel empor – unermüdlich wie ein Baum seine Zweige ausstreckt. So wollte er bis zum Abend stehen bleiben, denn er hatte etwas Großes zu erbitten.

Er war ein Mann, der viel von der Arglist und Bosheit der Welt erfahren hatte. Er hatte selbst verfolgt und gequält; und Verfolgung und Qualen waren ihm zuteilgeworden, mehr als sein Herz ertragen konnte. Darum zog er hinaus auf die große Heide, grub sich eine Höhle am Flussufer und wurde ein heiliger Mann, dessen Gebete an Gottes Thron Gehör fanden.

Hatto, der Eremit, stand am Flussgestade vor seiner Höhle und betete das große Gebet seines Lebens. Er betete zu Gott, den Tag des Jüngsten Gerichts über diese böse Welt hereinbrechen zu lassen. Er rief die Posaunen blasenden Engel an, die das Ende der Herrschaft der Sünde verkünden sollten. Er rief nach den Wellen des Blutmeeres, um die Ungerechtigkeit zu ertränken. Er rief nach der Pest, auf dass sie die Kirchhöfe mit Leichenhaufen fülle.

Rings um ihn war die öde Heide. Aber eine kleine Strecke weiter oben am Flussufer stand eine alte Weide mit kurzem Stamm, der oben zu einem großen, kopf-

ähnlichen Knollen anschwoll, aus dem neue, frisch-
grüne Zweige hervorwuchsen. Jeden Herbst wurden ihr
von den Bewohnern des holzarmen Flachlandes diese
frischen Schösslinge geraubt. Jeden Frühling trieb der
Baum neue geschmeidige Zweige; und an stürmischen
Tagen sah man sie um den Baum flattern und wehen,
wie Haar und Bart um Hatto, den Eremiten, flatterten.

Das Bachstelzchenpaar, das sein Nest oben auf dem
Stamm der Weide zwischen den emporsprießenden
Zweigen zu bauen pflegte, hatte gerade an diesem Tag
mit seiner Arbeit beginnen wollen, aber zwischen den
heftig peitschenden Zweigen fanden die Vögel keine
Ruhe. Sie kamen mit Binsenhalmen und Wurzel-
fäserchen und vorjährigem Riedgras geflogen, aber sie
mussten unverrichteter Dinge umkehren. Da bemerkten
sie den alten Hatto, der Gott anflehte, den Sturm sie-
benmal heftiger werden zu lassen, damit das Nest der
kleinen Vöglein fortgefegt und der Adlerhorst zerstört
werde.

Natürlich kann kein heute Lebender sich vorstellen,
wie bemoost und vertrocknet und knorrig und schwarz
und menschenunähnlich solch ein alter Heidebewohner
aussah. Die Haut lag so stramm über Stirn und Wangen,
dass der Kopf fast einem Totenschädel glich; und nur
an einem schwachen Aufleuchten tief in den Augen-
höhlen sah man, dass Leben darin war. Die vertrock-
neten Muskeln gaben dem Körper keine Rundung; der
emporgestreckte nackte Arm bestand nur aus ein paar
schmalen Knochen, die mit verrunzelter, harter, rinden-
ähnlicher Haut überzogen waren. Er trug einen alten,

eng anliegenden schwarzen Mantel. Er war braun gebrannt von der Sonne und schwarz von Schmutz. Nur sein Haar und sein Bart waren licht, hatten sie doch Regen und Sonnenschein gebleicht, bis sie dieselbe grau-grüne Farbe angenommen hatten wie die Unterseite der Weidenblätter.

Die Vögel, die umherflatterten und einen Platz für ihr Nest suchten, hielten Hatto, den Eremiten, für eine alte Weide. Sie umkreisten ihn viele Male, flogen weg und kamen zurück, merkten sich den Weg, bedachten den Standort im Hinblick auf Raubvögel und Stürme, fanden ihn recht unvorteilhaft, aber entschieden sich doch dafür. Eines der Vögelchen schoss pfeilschnell herab und legte sein Wurzelfäserchen in die ausge-streckte Hand des Eremiten.

Der Sturm hatte nachgelassen, sodass das Wurzel-fäserchen ihm nicht sogleich aus der Hand gerissen wurde – aber der Eremit unterbrach dadurch sein Gebet nicht.

»Mögest du bald kommen, o Herr, und diese Welt des Verderbens vernichten, auf dass die Menschen sich nicht mit noch mehr Sünden beladen. Möchtest du die Ungebornen vom Leben erlösen! Für die Lebenden gibt es keine Erlösung.«

Da setzte der Sturm wieder ein, und das Wurzel-fäserchen flatterte aus der großen, knochigen Hand des Eremiten. Die Vögel kamen aber wieder und versuchten die Grundpfeiler ihres neuen Heims zwischen seinen Fingern zu befestigen. Da legte sich plötzlich ein plum-per, schmutziger Daumen über die Halme und hielt sie fest, und vier Finger wölbten sich über die Handfläche, sodass eine friedliche Nische entstand, in der die Vögel bauen konnten. Doch der Eremit fuhr in seinen Gebeten fort.

»Herr, ist das Maß deiner Geduld nicht erschöpft und die Schale deiner Gnade noch nicht leer? O Herr, wann kommst du aus deinem Himmel?«

Hatto, der Eremit, hatte Fiebervisionen vom Tag des Jüngsten Gerichtes. Der Boden erbebte, der Himmel glühte. Unter dem roten Firmament sah er schwarze Wolken fliehender Vögel; über den Boden wälzte sich eine Schar flüchtender Tiere. Doch während seine Seele von diesen Fiebervisionen erfüllt war, begannen seine Augen dem Flug der kleinen Vögel zu folgen, die blitzschnell hin und her flogen und mit einem vergnügten kleinen Piepsen ein neues Hälmchen in das Nest fügten.

Der Alte rührte sich nicht. Er hatte das Gelübde getan, den ganzen Tag stillstehend mit emporgestreckten Händen zu beten, um damit Gott zu zwingen, ihn zu erhören. Je matter sein Körper wurde, desto lebendiger wurden die Gesichte, die sein Hirn erfüllten. Er hörte die Mauern der Städte zusammenbrechen und die Wohnungen der Menschen einstürzen. Schreiende, entsetzte Volkshaufen eilten an ihm vorbei, und ihnen nach jagten die Engel der Rache und der Vernichtung –, hohe, silbergepanzerte Gestalten mit strengem, schönem Antlitz, auf schwarzen Rossen reitend und Geißeln schwingend, die aus weißen Blitzen geflochten waren.

Die kleinen Bachstelzchen bauten und zimmerten fleißig den ganzen Tag, und die Arbeit machte große

Fortschritte. Auf der hügeligen Heide mit dem steifen
Riedgras und an dem schilfreichen Flussufer war kein
Mangel an Baustoff. Die Vögel fanden weder Zeit zur
Mittagsrast noch zur Vesperruhe. Glühend vor Eifer
und Vergnügen flogen sie hin und her, und ehe der
Abend anbrach, waren sie schon beim Dachfirst ange-
langt.

Aber ehe der Abend anbrach, hatte der Eremit seine
Blicke immer häufiger auf sie gerichtet. Er folgte ihnen
auf ihrer Fahrt; er schalt sie aus, wenn sie sich dumm
anstellten; er ärgerte sich, wenn der Wind ihnen Schaden tat; und am allerwenigsten konnte er es vertragen,
wenn sie sich ein bisschen ausruhten.

So sank die Sonne, und die Vögel suchten ihre ver-
trauten Ruhestätten im Schilf auf.

Wer abends über die Heide geht, muss sich nahe zur
Erde beugen, um Eulen mit großen, runden Flügeln
über das Feld huschen zu sehen und Nattern und große
Kröten. Hasen und Wasserratten fliehen vor den Raubtieren; und der Fuchs springt nach einer Fledermaus,
die Mücken über dem Fluss jagt. Es ist, als hätte jedes
Erdhügelchen Leben bekommen. Doch unterdessen
schlafen die kleinen Vögelchen auf dem schwanken
Schilf, dem kein Feind nahen kann, ohne dass das Wasser plätschert oder die Halme zittern.

Als der Morgen kam, flogen die Bachstelzen gerade-
wegs auf ihr Nest zu, aber das war verschwunden. Sie
guckten suchend über die Heide und erhoben sich in
die Luft, aber der Baum war verschwunden. Schließlich
setzten sie sich auf ein paar Steine am Flussufer, wippten

mit dem langen Schwanz und drehten das Köpfchen. Wohin waren Baum und Nest gekommen?

Doch kaum hatte sich die Sonne um eine Handbreit über den Waldgürtel auf dem jenseitigen Flussufer erhoben, als ihr Baum gewandert kam und sich auf denselben Platz stellte, den er am Tag zuvor eingenommen hatte.

Da begannen die Bachstelzchen wieder zu bauen, ohne über die vielen Wunder der Natur nachzugrübeln.

Hatto, der Eremit, der die kleinen Kinder von seiner Höhle fortscheuchte und in den Flussschlamm hinausstürzte, um den fröhlichen jungen Menschen, die in bewimpelten Booten den Fluss hinaufruderten, Verwünschungen nachzuschleudern, vor dessen bösem Blick die Heidehirten ihre Herden behüteten, kehrte zu seinem Platz am Fluss zurück, den kleinen Vögeln zuliebe. Er wusste, dass nicht nur jeder Buchstabe in den heiligen Büchern seine verborgne mystische Bedeutung hat, sondern auch alles was Gott in der Natur geschehen lässt. Jetzt glaubte er, herausgefunden zu haben, was das Nest der Bachstelzen in seiner Hand bedeutete; Gott wollte, dass er mit erhobnen Armen betend dastehen sollte, bis die Vögel ihre Jungen aufgezogen hatten. Vermochte er dies, so sollte er erhört werden.

Doch an diesem Tag sah er wenig Visionen des Jüngsten Gerichtes. Stattdessen folgte er immer eifriger mit seinen Blicken den Vögeln. Er sah sie das Nest rasch vollenden. Die kleinen Baumeister flatterten rund herum und besichtigten es. Sie holten ein paar kleine Moosflechten und klebten sie außen an das Nest. Sie holten das feinste Wollgras, und das Weibchen nahm Flaum von der eignen Brust und polsterte das Nest innen damit.

Die Bauern, die den Eremiten fürchteten, pflegten ihm Brot und Milch zu bringen, um seinen Groll zu besänftigen. Sie kamen auch jetzt und fanden ihn regungslos dastehen, das Vogelnest in der Hand.

»Seht, wie der fromme Mann die kleinen Tiere liebt«, sagten sie und fürchteten sich nicht mehr vor ihm, sondern hoben den Milcheimer an seine Lippen und führten ihm das Brot zum Mund. Als er gegessen und getrunken hatte, verjagte er die Menschen mit bösen Worten, aber sie lächelten nur über seine Verwünschungen.

Sein Körper war schon lange seines Willens Diener geworden. Durch Hunger und Schläge, durch tagelanges Knien und wochenlange Nachtwachen hatte er ihn Gehorsam gelehrt. Nun hielten stahlharte Muskeln seine Arme tage- und wochenlang emporgestreckt. Während das Bachstelzenweibchen auf den Eiern lag und das Nest nicht mehr verließ, suchte der Eremit nicht einmal nachts seine Höhle auf. Er lernte es, sitzend mit emporgestreckten Armen zu schlafen; unter den Freunden der Wüste gibt es so manche, die noch größere Dinge vollbracht haben.

Er gewöhnte sich an die zwei kleinen unruhigen Vogelaugen, die über den Rand des Nestes zu ihm hinabblickten. Er achtete auf Hagel und Regen und schützte das Nest so gut er konnte.

Eines Tages konnte das Weibchen seinen Wachtposten verlassen. Beide Bachstelzen saßen auf dem Rand des Nestes, wippten mit den Schwänzchen und beratschlagten und sahen seelenvergnügt aus, obgleich das ganze Nest von einem ängstlichen Piepsen erfüllt schien. Nach einem kleinen Weilchen zogen sie auf Mückenjagd aus.

Eine Mücke nach der andern wurde gefangen und heimgebracht. Und als das Futter kam, piepste es im Nest am allerärgsten. Den frommen Mann störte das Piepsen in seinen Gebeten.

Und sachte, sachte sank sein Arm herab, und seine kleinen Glutaugen starrten in das Nest.

Niemals hatte er etwas so hilflos Hässliches und Armseliges gesehen: kleine, nackte Körperchen mit spärlichem Flaum, keine Augen, keine Flugkraft, eigentlich nur sechs große, aufgerissene Schnäbel.

Es kam ihm selbst wunderlich vor, aber er mochte die Kleinen gerade so leiden wie sie waren. Die Alten hatte er ja niemals von dem großen Untergang ausgenommen, aber für diese sechs Schutzlosen machte er eine stillschweigende Ausnahme.

Wenn die Bäuerinnen ihm jetzt Essen brachten, dankte er ihnen nicht mehr mit Verwünschungen. Da er für die Kleinen in seiner Hand notwendig war, freute er sich, dass die Leute ihn nicht verhungern ließen.

Bald guckten den ganzen Tag sechs runde Köpfchen über den Nestrand. Des alten Hatto Arm sank immer häufiger zu seinen Augen hernieder. Er sah die Federn aus der roten Haut sprießen, die Augen sich öffnen, die Körperformen sich runden.

Die Gebete um die große Vernichtung kamen immer zögernder über Hattos Lippen. Er glaubte Gottes Zusi-

cherung zu haben, dass sie hereinbrechen würde, wenn
die kleinen Vögelchen flügge waren. Nun stand er da
und suchte gleichsam nach einem Ausweg. Denn diese
sechs Kleinen, die er beschützt und behütet hatte,
konnte er nicht opfern.

Früher war es etwas andres gewesen, als er noch
nichts hatte, was sein eigen war. Die Liebe zu den Kleinen und Schutzlosen kam über ihn und machte ihn
unschlüssig.

Manchmal wollte er das ganze Nest in den Fluss
schleudern, denn er meinte, dass die beneidenswert
sind, die ohne Sorgen und Sünden sterben dürfen.
Musste er die Kleinen nicht vor Raubtieren und Kälte,
vor Hunger und den mannigfaltigen Heimsuchungen
des Lebens bewahren? Aber gerade als er so dachte,
kam der Sperber auf das Nest herabgesaust, um die
Jungen zu töten. Da ergriff Hatto den Kühnen mit
seiner linken Hand, schwang ihn im Kreis über seinem
Kopf und schleuderte ihn mit der Kraft des Zornes in
den Fluss.

Und der Tag kam, an dem die Kleinen flügge waren.
Eine der Bachstelzen mühte sich drinnen im Nest, die
Jungen auf den Rand hinauszuschieben, während die
andre herumflog und ihnen zeigte, wie leicht das Fliegen war. Und als die Jungen sich hartnäckig fürchteten,
da zeigten ihnen die beiden Alten ihre allerschönsten
Flugkunststücke. Mit den Flügeln schlagend, beschrie-
ben sie verschiedene Windungen, oder sie stiegen gerade
in die Höhe wie Lerchen und hielten sich mit heftig
zitternden Schwingen still in der Luft.

Aber als die Jungen noch immer eigensinnig blieben, konnte Hatto es nicht lassen, sich in die Sache einzumischen. Er gab ihnen einen behutsamen Puff mit dem Finger, und damit war alles entschieden. Heraus flogen sie, zitternd und unsicher, die Luft peitschend wie Fledermäuse, sie sanken, aber sie erhoben sich wieder, begriffen die Kunst und verwandten sie dazu, so rasch wie möglich das Nest wieder zu erreichen. Die Alten kamen stolz und jubelnd zu ihnen zurück, und der alte Hatto schmunzelte.

Er hatte doch in der Sache den Ausschlag gegeben.

Er grübelte nun darüber nach, ob es für unsern Herrgott nicht auch einen Ausweg geben konnte.

Vielleicht, wenn man es recht bedachte, hielt Gottvater diese Erde wie ein großes Vogelnest in seiner Rechten, und vielleicht hatte er Liebe zu denen gefasst, die dort wohnen und hausen, zu allen schutzlosen Kindern der Erde. Vielleicht erbarmte er sich ihrer, die er zu vernichten gelobt hatte, so wie sich der Eremit der kleinen Vögel erbarmte.

Freilich waren die Vögel des Eremiten um vieles besser als unsers Herrgotts Menschen, aber er konnte doch begreifen, dass Gottvater dennoch ein Herz für sie hatte.

Am nächsten Tag stand das Vogelnest leer, und die Bitterkeit der Einsamkeit bemächtigte sich des Eremiten. Langsam sank sein Arm herab, und es war ihm, als ob die ganze Natur den Atem anhielt, um dem Dröhnen der Posaune des Jüngsten Gerichts zu lauschen. Doch in demselben Augenblick kamen alle Bachstelzen zurück und setzten sich ihm auf Haupt und Schultern, denn sie hatten gar keine Angst vor ihm. Da zuckte ein Lichtstrahl durch das verwirrte Hirn des alten Hatto. Er hatte ja den Arm gesenkt, ihn jeden Tag gesenkt, um die Vögel anzusehen.

Und wie er da stand, von allen sechs Jungen umflattert und umgaukelt, nickte er jemandem, den er nicht sah, vergnügt zu. »Du bist frei«, sagte er, »du bist frei. Ich hielt mein Wort nicht, und so brauchst du auch deines nicht zu halten.«

Und es war ihm, als hörten die Berge zu zittern auf und als legte sich der Fluss gemächlich in seinem Bett zur Ruhe.

Die alte Agneta

Eine alte Frau stieg mit kleinen, trippelnden Schritten den Bergpfad hinan. Sie war klein und mager. Ihr Gesicht war verblichen und welk, aber nicht hart oder gefurcht. Sie trug einen langen Mantel und eine Haube. In der Hand hatte sie ein Gebetbuch und im Taschentuch ein Zweiglein Lavendel.

Sie hatte eine Hütte weit oben auf dem Felsen, da wo keine Bäume mehr wachsen. Die lag ganz am Rande des breiten Gletschers, der seinen Eisstrom von dem schneebedeckten Berggipfel hinab in den Talgrund stürzte. Da wohnte die Alte ganz einsam. Alle ihre Angehörigen waren tot.

Es war Sonntag, und sie war in der Kirche gewesen. Aber wie das nun gekommen sein mochte: Die Wanderung hatte sie nicht froh, sondern wehmütig gestimmt. Der Pfarrer hatte vom Tod gesprochen und von den Verdammten; das hatte sie ergriffen. Plötzlich hatte sie sich erinnert, dass sie in ihrer Kindheit hatte erzählen hören, dass viele Verdammte in der ewigen Kälte auf dem Berggipfel über ihrer Wohnstatt gemartert würden. Sage um Sage kam ihr in den Sinn von diesen Gletscherwanderern, diesen unermüdlichen Schatten, die von den eiskalten Bergwinden gejagt würden.

Da packte sie mit einem Mal ein tiefes Grauen vor dem Berg, und es deuchte sie, dass ihre Hütte furchtbar weit oben läge. Wenn nun die Unsichtbaren dort auf der Höhe der Alpen wanderten, den Weg über den Gletscher hinunter nähmen, und sie, die so ganz einsam war ...

Bei dem Worte einsam nahmen ihre Gedanken eine noch traurigere Richtung. Jetzt war sie wieder mitten in dem Kummer, der alle ihre Tage verzehrte. Sie empfand es hart, so weit entfernt von den Menschen zu wohnen.

»Alte Agneta«, sagte sie laut zu sich selbst, wie es dort oben in der Einöde ihre Gewohnheit geworden war, »du sitzest oben in deiner Hütte und spinnst und spinnst. Du musst dich tagaus tagein rackern und schinden, um nicht Hungers zu sterben. Aber gibt es einen, der eine Freude daran hätte, dass du lebst? Ach, wäre noch einer von den Deinen am Leben! Wohntest du weiter unten im Dorf, so lebtest du wohl jemandem zur Freude. Arm, wie du bist, könntest du freilich weder Hund noch Katze halten, aber du könntest zuweilen wohl einem Bettler Obdach gewähren. Du solltest nicht so weit von der Straße wohnen, alte Agneta. Wenn du nur ein einziges Mal einem durstigen Wanderer einen Trunk Wasser reichen dürftest, so wüsstest du doch, dass du nicht nutzlos lebst.«

Sie seufzte und sagte sich, dass nicht einmal die Bäuerinnen ihren Tod beklagen würden, die ihr Flachs zum Spinnen gaben. Wohl hatte sie versucht, ehrlich ihre Arbeit zu tun, aber es gab gewiss viele, die es besser konnten. Und die Tränen stiegen ihr auf, wenn sie daran dachte, dass der Herr Pfarrer, der sie in allen diesen Jahren des Herrn auf demselben Platz in der Kirche gesehen hatte, vielleicht denken könnte, es käme auf eines heraus, ob sie dort wäre oder nicht.

»Ich bin wie eine Verstorbene«, sagte sie, »niemand fragt nach mir. Ich könnte mich ebenso gut hinlegen,

um zu sterben. Ich bin schon erfroren in der Kälte und
der Einsamkeit. Mein Herz ist erfroren, das ist es. O du
meine Güte, o du meine Güte, wenn es hier nur einen
gäbe, der mich brauchte! Aber kann ich denn den Gäm-
sen Strümpfe stricken oder den Murmeltieren ihr Lager
aufbetten? Das sage ich dir«, sagte sie und streckte die
Hand zum Himmel empor, »du musst mir einen schaffen, der mich braucht, sonst lege ich mich hin und sterbe.«

Da kam ein großer, ernster Mönch ihr auf dem Weg
entgegen. Er schloss sich ihr an, weil er sah, dass sie betrübt war, und sie erzählte ihm ihren Kummer. Sie
sagte, dass ihr das Herz im Leibe erfröre, und dass sie
wie einer der Wanderer des Gletschereises werden
würde, wenn Gott ihr nicht etwas gäbe, wofür sie leben
könnte.

»Das kann Gott wohl tun«, sagte der Mönch.

»Siehst du nicht, dass Gott hier oben machtlos ist?«,
sagte die alte Agneta. »Hier ist nichts anderes als die
kalte, leere Einöde.«

Sie kamen immer höher hinauf. Das Moos lag weich
auf den Halden. Alpenpflanzen mit behaarten Blättern
säumten den Pfad ein; das Hochgebirge mit Klüften
und Stürzen, mit Eisfeldern und Schneehalden stand
überhängend und schwer vor ihnen. Da erblickte der
Mönch die Hütte der alten Agneta dicht unter dem
Gletscher.

»Ah«, sagte er, »du wohnst hier? Da bist du nicht einsam; hier hast du Gesellschaft genug. Sieh nur!«

Der Mönch legte den Zeigefinger und den kleinen
Finger zusammen, hielt sie der Alten vor das linke Auge

und bat sie, nach dem Berg zu sehen. Aber die alte Agneta schauderte und schloss die Augen.

»Ist dort oben etwas zu sehen, so will ich es nicht erblicken«, sagte die alte Agneta. »Der Herr bewahre uns! Hier kann es gar grausig sein.«

»Ja, dann lebe wohl«, sagte der Mönch. »Es wird dir kaum ein zweites Mal angeboten werden, so etwas zu sehen.«

Die Alte wurde neugierig, sie schlug die Augen auf und blickte nach den Schneefeldern. Zuerst sah sie nichts Wunderbares, dann aber entdeckte sie, dass es sich dort oben regte. Sie sah, wie sich Weiß auf weißem Grund bewegte. Was sie für Nebel und Dunst und blauweiße Färbungen des Eises gehalten hatte, das waren Verdammte, die in der ewigen Kälte gepeinigt wurden.

Das kleine Mütterchen stand da und bebte wie Espenlaub. Es war alles so, wie es die Alten in ihren Sagen erzählt hatten. Die Toten wanderten dort oben in unsäglicher Pein und Angst. Die meisten waren in etwas Langes, Weißes gehüllt, aber alle hatten sie nackte Füße und unbedeckte Häupter.

Es war eine zahllose Menge. Mehr und mehr kamen dazu, je länger sie hinsah. Einige gingen stolz und hochaufgerichtet, andre kamen herangeschwebt, als tanzten sie über die Eisfelder, aber sie sah, dass die einen wie die andern ihre Füße an den Spitzen und Kanten des Eises blutig rissen.

Es war ganz wie in den Sagen. Sie sah, wie sie sich eng aneinanderschlossen, als wollten sie Wärme finden,

sich dann aber augenblicklich wieder trennten, erschreckt durch die Todeskälte, die von ihren Körpern
ausströmte. Es war, als ginge die Kälte auf dem Berg
von ihnen aus, als wären sie es, die den Schnee nicht
schmelzen und den Nebel nicht warm werden ließen.

Nicht alle bewegten sich; einige standen still in frie-
render Versteinerung und schienen schon jahrelang so
zu stehen, denn Schnee und Eis hatten sich um sie gehäuft, sodass nur die Oberleiber sichtbar waren.

Je länger das kleine Mütterchen hinsah, desto ruhiger
wurde sie. Der Schrecken wich von ihr, aber stattdessen
wurde sie herzlich betrübt über die Qual dieser Verdammten. Da gab es kein Aufhören der Pein, keine
Ruhestatt für die verwundeten Füße, die über Eis eilten,
das schneidend war wie geschliffener Stahl. Und wie sie
froren, wie sie vor Kälte bebten und mit den Zähnen
klapperten!

Da waren viele Knaben und Mädchen. Aber es war
keine Jugend in ihren blaugefrorenen Gesichtern; es sah
aus, als spielten sie, aber alle Freude war tot. Sie klapperten vor Kälte, sie schauerten und krochen in sich
zusammen wie Greise, während ihre nackten Füße die
scharfkantigsten Eisstücke zu suchen schienen, um darauf zu treten.

Was die Alte am meisten rührte, war der Anblick
derer, die in dem harten Gletschereis schon halb einge-
froren waren, und derer, die als große Eiszapfen von den
Seiten des Felsens herabhingen.

Da zog der Mönch seine Hand weg, und die alte Agneta sah nur noch die leeren, nackten Schneefelder.

Schwere Eismassen lagen hier und dort verstreut, aber sie umschlossen keine versteinerten Gespenster. Der blaue Glanz auf dem Gletscher kam nicht von erfrorenen Leibern.

Der Wind jagte ein paar leichte Schneewehen vor sich hin, doch keine Geister.

Aber sie wusste doch bestimmt, dass sie recht gesehen hatte, und sie fragte den Mönch:

»Ist es erlaubt, etwas für diese Verdammten zu tun?«

Er antwortete: »Wann hätte Gott je verboten, in Liebe Gutes zu tun, oder barmherzig zu sein und Trost zu spenden?«

Damit ging er, und die alte Agneta eilte in ihre Hütte und setzte sich nieder, um nachzudenken. Den ganzen Abend grübelte sie, wie sie den Unseligen helfen könnte, die über die Gletscher wanderten. Sie hatte nicht Zeit, an ihre Einsamkeit zu denken.

Am nächsten Morgen ging sie wieder zum Dorf hinunter. Sie lächelte und schritt rüstig aus. Das Alter drückte sie nicht zu schwer.

»Die Toten«, sagte sie zu sich selbst, »fragen nicht viel nach roten Wangen und nach leichten Füßen. Die verlangen bloß, dass man sich ihrer mit ein bisschen Wärme erinnre. Aber an so etwas denkt die Jugend nicht. Ja, ja; aber wie sollten sich die Dahingeschiedenen gegen die unermessliche Kälte des Todes schützen, wenn ihnen die Alten nicht ihre Herzen aufschlössen?«

Als sie in den Kramladen kam, kaufte sie dort ein großes Bündel Kerzen, und bei einem Bauer bestellte sie eine große Fuhre Holz; um das bezahlen zu können, musste sie freilich doppelt so viel Spinnarbeit annehmen als gewöhnlich.

Gegen Abend, als sie wieder daheim war, sprach sie viele Gebete und suchte sich durch Singen frommer Lieder bei gutem Mut zu erhalten. Aber sie wurde immer verzagter. Dennoch tat sie, was sie sich vorgenommen hatte.

Sie machte ihr Bett in der inneren Stube. In der äußern stapelte sie einen großen Stoß Holz in der Feuerstatt auf und entzündete ihn. Ins Fenster stellte sie zwei Kerzen und öffnete die Tür der Hütte sperrangelweit. Dann ging sie hinein und legte sich nieder.

Sie lag in der Dunkelheit und lauschte.

Ja, das waren Schritte. Es war, als käme jemand über das Gletschereis gegangen. Es kam schleppend und stöhnend heran. Es schlich um die Hütte, als wage es nicht hereinzukommen. Dicht an der Hausecke stand es und klapperte.

Die alte Agneta konnte das nicht ertragen. Sie fuhr aus dem Bett auf und eilte in die äußere Kammer, dort riss sie die Tür zu und verschloss sie. Das war zu viel; Fleisch und Blut konnten das nicht ertragen!

Vor der Hütte hörte sie schwere Seufzer und gleitende Schritte, wie von wunden, wehen Füßen. Sie schleppten sich immer weiter fort, hinauf zum Gletschereise. Hie und da vernahm sie auch ein Schluchzen, bald aber wurde es wieder ganz still.

Da geriet die alte Agneta vor Angst außer sich.

»Du bist feig, du alte Hexe«, sagte sie. »Die Flammen brennen herunter und die teuren Kerzen auch. Soll alles

vergeblich sein, nur um deiner elenden Feigheit willen?«
Und als sie dieses gesagt hatte, stand sie noch einmal
auf, vor Furcht weinend, mit klappernden Zähnen und
bebenden Gliedern, aber sie kam in die Kammer hinaus,
und sie brachte die Tür auf.

Wieder lag sie da und wartete. Nun hatte sie keine
Angst mehr. Sie lag nur da und ängstigte sich, dass sie
die Verdammten verscheucht haben könnte, und sie
nicht wiederkommen könnten.

Da begann sie ins Dunkel zu rufen, wie in ihren
Jugendtagen, als, sie der Herde gefolgt war: »Meine
kleinen weißen Lämmchen, meine Lämmchen in den
Bergen kommt, kommt! Kommt herunter von Klüften
und Graten, meine kleinen weißen Lämmchen!«

Da war es, als käme ein heftiger Wind vom Felsen
herunter und in die Hütte gefahren. Sie hörte keine
Schritte oder Seufzer; nur Windstöße brausten um die
Hausecken und pfiffen in die Hütte. Und es klang, als
warnte es unablässig: »Sch, sch, nicht erschrecken, nicht
erschrecken!«

Sie hatte das Gefühl, das äußere Zimmer sei so über-
voll, dass sich die Gespenster an die Wände drängten
und sie beinahe sprengten. Zuweilen war es, als wollten
sie das Dach abheben, um Raum zu bekommen. Aber
immer war da einer, der flüsterte: »Sch, sch, nicht erschrecken, nicht erschrecken!«

Da wurde die alte Agneta glückselig und ruhig. Sie
faltete die Hände und schlief ein.

Am Morgen war es, als wäre alles ein Traum gewesen.
In dem äußeren Zimmer war alles unverändert, die

Flammen waren ausgebrannt und die Lichter desglei-
chen. Nicht ein Tröpfchen Talg war in den Leuchtern
geblieben.

Solange die alte Agneta lebte, fuhr sie fort, so für die
Toten zu sorgen. Sie spann und mühte sich, um jede
Nacht ihr Feuer unterhalten zu können. Und sie war
glücklich, weil sie wusste, dass jemand ihrer bedurfte.

So kam ein Sonntag, an dem sie auf ihrem Platz in
der Kirche nicht mehr gesehen wurde. Einige Bauern
gingen in ihre Hütte hinauf, um zu sehen, ob ihr etwas
fehle. Da war sie schon tot; und sie trugen die Leiche
in das Dorf hinunter, sie zu begraben.

Als die alte Agneta am nächsten Sonntag in die Erde
gesenkt wurde, gerade vor der Messe, da gaben ihr nur
wenige Menschen das Geleit. Auch sah man in keiner
Miene Trauer.

Aber plötzlich, gerade als der Sarg beigesetzt werden
sollte, kam ein großer, ernster Mönch auf den Kirchhof,
er trat heran und wies auf die schneebedeckte Alpe. Da
sahen die Leute, die am Grab standen, dass die ganze
Alpe sich in das zarteste Rot gehüllt hatte, als leuchte
sie vor Freude, und dass sich über ihre Mitte ein Zug
von kleinen gelben Flammen schlängelte. Dieser Lichter waren ebenso viele wie die Tote den Verdammten
Lichter gegeben hatte.

Da sagten die Leute: »Gott sei gepriesen! Sie, um die
hier unten niemand trauert, hat dafür dort oben in der
großen Einsamkeit Freunde gefunden.«

Das Heinzelmännchen von Töreby

Ich weiß noch, wie ich einmal als Kind an einem alten Hof vorüberfuhr, von dem man wusste, dass es dort ein Heinzelmännchen gab. Dieser Hof lag sehr einsam an einem flachen Seeufer. Es war kein Garten um das hohe, weiße Wohnhaus; nur ein paar verkrüppelte Bäume standen da. Es war der reizloseste Ort, den ich je gesehen habe. Aber es schien ein reicher Hof zu sein. Die Wirtschaftsgebäude waren wohlgebaut und großzügig angelegt; und auf den Feldern stand die Saat so üppig, dass ich mich noch heute dessen entsinne.

Das merkwürdigste war die Ordnung, die überall herrschte. Ich erinnere mich, dass wir ganz langsam vorbeifuhren, um zu sehen, wie gut die Gräben gezogen waren, wie schnurgerade die Wege liefen und wie fest die Brücken gebaut waren. Wir betrachteten die hübschen bemalten Boote, die sich am Strand schaukelten, und eine lange Waschbrücke, die gerade hinaus in den See lief.

»Wahrscheinlich will das Heinzelmännchen, dass die Wäsche in richtig tiefem Wasser und nicht im seichten Strandwasser gespült wird«, sagten wir.

Niemand zweifelte daran, dass alles auf diesem Hof dem Heinzelmännchen zu danken war. Aus Angst vor dem Heinzelmännchen durften kein Strohhalm und kein Span auf dem Hofplatz herumliegen; darum war der Viehstall geputzt wie eine gute Stube, und die Felder waren wie Gartenbeete.

Dieses Heinzelmännchen gab es seit undenklichen Zeiten auf dem Hof, und man erzählte sich allerlei Geschichten von ihm. Hier will ich eine berichten, die sich vor etwa zweihundert Jahren zugetragen haben mag.

Es war in einer dunklen Herbstnacht; der Regen goss über die grauen Klotzwände, denn damals war der Herrenhof weder bretterverkleidet noch getüncht, und der Sturm peitschte alle Zweige des hohen Holzapfelbaums gegen den Dachfirst.

Mitten im ärgsten Unwetter kam eine Eule geflogen. Sie hatte ihr Nest oben im Dachstuhl und pflegte durch ein kleines Loch dicht unter der Dachrinne hineinzufliegen. Aber bevor sie die Luke finden konnte, packte sie der Wind, blähte ihr dichtes Federkleid auf, sodass sie wie ein runder Ball aussah, und schleuderte sie ein paarmal gegen die Wand. Da gab der Vogel jeden weiteren Versuch auf, setzte sich auf den Holzapfelbaum und schrie die ganze Nacht hindurch.

Drinnen im Haus war es ganz stumm und still, nur an dem Lichtschein, der durch die Spalten der Fensterläden rieselte, merkte man, dass die Hausbewohner noch nicht zu Bett gegangen waren. Hin und wieder hörte man Lärmen und lautes Lachen, aber gleich darauf wurde es wieder totenstill.

Gegen elf Uhr nachts trat die alte Haushälterin des Gutshofs auf den Flur. Sie war völlig angekleidet und trug ihre schweren Schlüssel an der Seite, von denen sie sich weder Tag noch Nacht trennte. Die schwere Tür war mit vier verschiedenen Schlössern versperrt, und es dauerte geraume Zeit, bis die alte Frau sie geöffnet hatte. Gleich war der Wind zur Stelle, riss die Tür sperrangelweit auf, warf der Haushälterin einen

Regenschauer ins Gesicht und wirbelte die Strohmatten des Hausflurs herum, dass sie sich krümmten wie die Schlangen.

Die alte Frau schloss die Tür hinter sich zu und wanderte in die Nacht hinaus. Sie ging sehr rasch und murmelte unaufhörlich: »Der Herr bewahre uns! Der Herr bewahre uns!«

Sie leuchtete sich mit einer Hornlaterne, aber sie war so in Gedanken, dass sie sich das Licht gar nicht zunutze machte, sondern in Wasserpfützen trat, die sie leicht hätte vermeiden können. Einmal ums andere kam sie in der Verwirrung von dem ausgetretenen Pfad ab. Sie blieb an einer Dornenhecke hängen, die ihr ein Stück aus dem Kleid riss, aber das schien sie gar nicht zu merken. Sie setzte ihre Wanderung unverdrossen fort und murmelte weiter: »Der Herr bewahre uns! Der Herr bewahre uns!«

Endlich kam sie zu dem Stallgebäude. Sie stieg die Bodentreppe hinauf, die klein und schmal war und sich an der Außenseite des Hauses entlangschlängelte, und blieb vor dem Türchen zum Heuboden stehen.

Hinter dem Türchen schimmerte ein Lichtschein. Als die Haushälterin sich vorbeugte, konnte sie in ein kleines Stübchen sehen, dessen Wände mit Pferdegeschirr, Zügeln, Sätteln und Riemen behangen waren. Eigentlich war es gar keine Stube, sondern nur ein Bretterverschlag des Heubodens. Das Heu quoll durch die undichten Bretterwände herein; und mitten auf dem Boden war eine große Klappe, durch die man in den Stall hinunterklettern konnte. Auf einem Bett in der

Ecke der Kammer saß der alte Gutskutscher. Er leuchtete sich mit einem Kienspan und las in Gottes Wort.
Er saß da, als hätte er nicht die Ruhe gehabt, sich
bei diesem schweren Unwetter niederzulegen. Jeden
Augenblick hob er den Kopf vom Buch und lauschte
dem Sturm, dem Regen und dem Eulenschrei.

Die Haushälterin pochte an, und der Kutscher öffnete ihr. Er begann sich sogleich zu entschuldigen, dass
er bei offenem Licht auf dem Boden saß. Er glaubte
wohl, dass sie eigens in die Nacht hinausgegangen war,
um ihn zu ermahnen, achtsam mit dem Feuer zu sein.

»Ich weiß schon, dass es gefährlich ist«, sagte er, »aber
ich meinte, es täte not, dass jemand in dieser Nacht in
Gottes Wort liest.«

Die alte Frau gab darauf keine Antwort. Sie setzte
sich auf eine Kiste, die voller Lederstücke und altem
Eisen war. Ihr lag ein solcher Schrecken in den Gliedern,
dass sie sich noch nicht davon erholt hatte. Die Hände
zerrten an der Schürze; und die Lippen regten sich zu
einem unverständlichen Gemurmel.

Der Kutscher saß da und sah sie an, bis der Schrecken, der auf ihr lastete, sich auch ihm mitteilte. Seine
alten Hände und seine zahnlosen Kinnladen begannen
zu zittern.

»Ist dir der Altvater begegnet?«, fragte er flüsternd.

Der Altvater war das Heinzelmännchen. Man kannte
ihn dort auf dem Hof unter keinem anderen Namen.

»Nein«, sagte die Haushälterin, »und vor dem Altvater würde ich mich wohl auch nicht fürchten. Er will
uns nur wohl.«

»Dessen solltest du nicht so sicher sein«, sagte der Kutscher. »Er ist ein gar strenger Herr, und in letzter Zeit haben sich wohl allerhand Dinge auf dem Hofe zugetragen, mit denen er nicht einverstanden ist.«

»Wenn er so streng wäre, wie du glaubst, würde er den Rittmeister nicht ungestraft so hausen lassen.«

Der Kutscher suchte sie zu beschwichtigen: »Du darfst nicht vergessen, dass du vom Herrn sprichst.«

»Ich kann darum doch nicht die Augen davor verschließen, dass er sich selbst und den Hof zugrunde richtet«, klagte sie.

»Der Herr Rittmeister ist nun einmal der Herr im Haus. Wir sind nur seine armen Diener«, wiederholte der Kutscher mit wichtiger Stimme. Aber plötzlich schlug die Stimme um, und er fragte in äußerster Angst: »Hat er wieder eine neue Tollheit ausgeheckt?«

»Ich habe den ganzen Abend an der Speisesaaltür gestanden und gehört, wie er all sein Geld verspielt hat«, sagte die Haushälterin. »Als das Geld zu Ende ging, verspielte er Pferde und Kühe. Als es mit den Tieren zu Ende ging, begann er um den Hof zu spielen. Er setzte Kate um Kate, Wald um Wald, Weide um Weide, Acker um Acker und verlor alles miteinander.«

Der Kutscher hatte sich, als er dies hörte, halb von seinem Platz erhoben, als wollte er forteilen und das Unheil verhindern. Aber dann setzte er sich wieder hin.

»Der Rittmeister ist der Herr«, sagte er. »Er kann mit dem, was sein ist, tun, was er will. Aber ich verstehe nicht, dass der Altvater sich nicht ins Spiel mischt.«

»Er hält sich ja immer hier im Stall auf; er weiß wohl nicht, was sich drinnen bei uns zuträgt«, sagte die Haushälterin.

Lange blieb es auf dem Dachboden still. Endlich sagte der Kutscher: »Wer ist's denn, der heute Nacht mit ihm spielt?«

»Es ist der Hauptmann Duwe. Er gewinnt, wenn er nur die Würfel anrührt.«

»Der Kerl ist ebenso arm an Geld und Gut wie an Herz und Gemüt«, sagte der Kutscher nachdenklich. »Von ihm hat der Herr Rittmeister keine Barmherzigkeit zu erwarten.«

»Bald gehört ihm ganz Töreby«, sagte die Haushälterin.

Der Kutscher griff zur Bibel, wandte sich zum Licht und begann wieder zu lesen.

»Ich glaubte, ich müsste den Verstand verlieren, wie ich so dastand und ihnen zuhörte«, sagte die Haushälterin, »so unheimlich war es. Anfangs waren sie lustig, und unser gnädiger Herr lachte, wenn er verlor, aber jetzt sind sie ganz still.«

Über die zitternden Lippen des alten Kutschers kam nichts anderes als: »Kate um Kate, Wald um Wald, Weide um Weide, Acker um Acker.«

»Was hilft es«, sagte die Haushälterin. »Wenn du ein ganzer Kerl wärest, gingest du hinein und brächtest ihn im Guten oder Bösen dazu, aufzuhören, bevor er noch den ganzen Hof verspielt hat.«

»Ich habe lange genug in diesem Haus gedient; ich weiß, wie schwer es ist, einen Silfverbrandt zum Aufhören zu bewegen, wenn er einmal im Zuge ist. Geradeso gut könnte ich versuchen, die Toten aufzuwecken.«

»Ja, dies müsste seine Eltern aus dem Grab wecken«, sagte die Haushälterin.

Der Kutscher schlug das Buch zu. »Das ist das Schlimmste an der ganzen Sache, dass er nicht einsieht, dass er auf diesem Hof kein solches Leben führen kann. Ich weiß noch, wie oft ich zu seinem seligen Vater sagte: ›Gebt Töreby nicht Herrn Henrik, er kann nie ein Herr nach Altvaters Sinn werden. Gebt es seinem Bruder, der ist gesetzt und ernst. Überlasst Herrn Henrik einen Hof, der keine solche Verantwortung auferlegt.‹«

»Ja, jetzt fällt Töreby weder an Herrn Henrik noch an Herrn August. Jetzt kommt es an diesen Hauptmann Duwe, bis der es wieder an einen anderen verspielt.«

Der Kutscher erhob sich entschlossen. Er knöpfte seine Jacke zu und nahm den Kienspan aus dem Halter. Man sah deutlich, dass es seine Absicht war, zu versuchen, mit seinem Herrn zu sprechen.

Aber als er den Kienspan hob, fiel ein Lichtschein auf die viereckige Öffnung im Boden, durch die er in den Stall hinunter zu klettern pflegte. Und nun sahen beide, der Kutscher und die Haushälterin, dass auf der Leiter ein Heinzelmännchen stand. Es stand auf der obersten Sprosse; klein und grau war es und trug Kniehosen und eine graue Jacke mit Silberknöpfen. Es lauschte mit solcher Bestürzung und Verblüffung, dass es aussah, als sei es völlig versteinert.

Kutscher und Haushälterin wandten sofort den Blick ab. Keines von ihnen verriet auch nur durch eine Miene, dass sie das Heinzelmännchen gesehen hatten. »Ja, nun, glaub' ich, ist's das Beste, wenn wir alten Leute gehen und uns niederlegen«, sagte der Kutscher in einem möglichst unbefangenen Ton. »Du weißt, in diesem Hof braucht man nachts nicht aufzubleiben, auch wenn ein Unglück droht. Hier ist jemand, der wacht.«

»Ja, du hast recht. Hier ist einer, der wacht«, sagte die Haushälterin unterwürfig. Ohne ein weiteres Wort nahm sie die Laterne vom Boden auf, kroch durch die Luke hinaus und verschwand über die Bodentreppe.

Als die alte Frau ins Haus zurückkam, war es ihre Absicht, sich ungesäumt zur Ruhe zu legen. Einerseits wusste sie, dass das Heinzelmännchen unnötige Nachtwachen nicht leiden mochte, andrerseits glaubte sie, dass die ganze Sache ohnehin in den besten Händen war. Aber sie hatte kaum den schweren Schlüsselbund hingelegt, da überkam sie die Lust, nach den Spielern zu schauen. Leise schlich sie wieder zur Speisesaaltür.

Als sie sich bückte und das Auge an das Schlüsselloch legte, sah sie, dass Rittmeister Silfverbrandt und Hauptmann Duwe noch am Spieltisch saßen. Der Rittmeister sah furchtbar müde und matt aus. Er war bleich und verstört, hatte Säcke unter den Augen, Runzeln auf der Stirn und zitternde Hände. Duwe war rot im Gesicht, und die Augen standen ihm blutunterlaufen aus dem Kopf, aber er verbarg alle Erregung unter froh gelauntem Plaudern und unaufhörlichem Lachen.

Die Haushälterin hatte noch keine zwei Minuten an der Speisesaaltür gelauscht, als Silfverbrandt den Stuhl zurückschob und rief: »Jetzt ist es aus, Duwe. Jetzt habe ich vom ganzen Hof nur noch die Tanneninsel draußen im See übrig. Die musst du mir lassen, damit es noch etwas auf Erden gibt, was ich mein nennen kann.«

Duwe lachte, aber er sah unzufrieden drein. »Ewig schade, das Spiel abzubrechen«, sagte er. »Wenn du all das andere gewagt hast, kannst du uns wohl auch um diesen Steinhaufen würfeln lassen.«

Silfverbrandt ging im Zimmer auf und ab. Man sah es ihm wohl an, dass er noch vom Spielteufel besessen war. Er trauerte weniger um den Verlust als vielmehr um das Ende des Spieles.

»Was setzest du gegen die Insel?«, fragte er. Duwe bedachte sich einen Augenblick. Die Haushälterin begriff, dass er einen Einsatz ausfindig zu machen suchte, der Silfverbrandt zum Weiterspielen bewegen konnte.

»Ich setze dein Reitpferd«, sagte Duwe.

Silfverbrandt liebte sein Reitpferd über alles auf Erden. Er begann ganz schrecklich zu fluchen. Er fragte Duwe, ob er der leibhaftige Böse wäre, da er ihn solchermaßen versuchte.

Die Haushälterin sah, dass der Rittmeister jedes Mal, wenn er auf seiner Wanderung zu einer dunklen Ecke des Zimmers kam, wo Duwe ihn nicht sehen konnte, vor Zorn die Hände ballte.

»Das Ärgste ist, dass ich weiß, dass ich dich erschlagen werde, wenn ich dich auf meinem Pferd reiten sehe und auf meinem Hof befehlen höre«, sagte er.

»Kannst du es einem armen Kerl nicht gönnen, wenn er es auf seine alten Tage ein bisschen sorgenfrei hat?«, fragte Duwe und lachte. »Du bist ja jung und stark; du findest schon bald anderswo Pferd und Hof.« Die ganze Zeit wunderte sich die Haushälterin, was wohl mit der Tür los sein mochte, die vom Saal in den Flur führte. Einmal ums andere öffnete sie sich ein wenig und schloss sich wieder. Jedes Mal wenn Silfverbrandt an dieser Tür vorbeiging, war es, als ob eine kleine Hand ihm zuwinkte.

Silfverbrandt ging mehrere Male an der Tür vorbei, ohne etwas zu merken, aber plötzlich blieb er stehen und starrte die Tür an.

»Na, kommst du jetzt?«, fragte Duwe.

»Ich bin im Augenblick wieder da«, sagte Silfverbrandt und ging in den Flur hinaus.

Die Haushälterin glitt stumm wie ein Schatten von der Speisesaaltür fort. Eine Sekunde darauf stand sie in der Vorratskammer, das Gesicht an ein Fensterchen gedrückt, das auf den Flur ging.

Da stand Silfverbrandt über das Heinzelmännchen gebeugt. Altvater hielt eine kleine Laterne in der Hand, die ein wenig Licht in dem dunklen Raum verbreitete.

»Was gibst du mir, wenn ich es so einrichte, dass du den Hof zurückgewinnst?«, fragte der Hausgeist.

»Ich gebe dir, was du willst«, sagte Silfverbrandt.

Das Heinzelmännchen fuhr mit der Hand in die Tasche und zog ein paar Würfel heraus. »Wenn ich dir diese Würfel leihe und du heute Nacht mit ihnen spielst, gewinnst du den Hof zurück«, sagte es zu Silfverbrandt.

Silfverbrandt streckte die Hand aus. »Gib her! Gib her!«, sagte er.

»Du bekommst sie nur unter der Bedingung, dass du morgen mit mir um einen Einsatz spielst, den ich selbst bestimme«, sagte das Heinzelmännchen.

Just in diesem Augenblick schrie die arme Eule laut und schaurig. Silfverbrandt sah auf und lauschte.

Die alte Haushälterin sah, dass die Augen des Heinzelmännchens böse und gehässig zu funkeln begannen. Sie wollte schon die Scheibe einschlagen und ihrem Herrn zurufen, auf seiner Hut zu sein und kein voreiliges Bündnis einzugehen, aber im selben Augenblick sah der Hausgeist mit einem furchtbaren Blick zu ihr auf. Sie blieb still und wagte sich nicht zu rühren.

Aber auch Silfverbrandt schien eine Gefahr zu ahnen. Er zog die Hand zurück und schien im Begriff, sich in den Saal zu begeben. Dann blieb er stehen.

»Ich weiß nicht, warum ich dir etwas Böses zutrauen soll, Altvater; du hast ja immer getreulich für dieses Haus gesorgt«, sagte er. »Du willst gewiss nur mein Bestes. So gib mir die Würfel her! Morgen mag es gehen, wie es will, wenn ich nur heute Nacht Duwe ebenso arm machen kann, wie er war, da er in diesen Hausflur trat.«

Im Augenblick darauf war Silfverbrandt wieder im Saal. »Jetzt bleibe ich aber nicht länger hier sitzen und höre mir das Eulengeschrei und den Sturm an, ohne zu spielen«, brach Duwe los. »Ich gehe jetzt zu Bett.«

»Willst du mir nicht noch zuerst die Tanneninsel abgewinnen?«, fragte Silfverbrandt, indem er sich am Spieltisch niederließ.

Er nahm den kleinen Becher, in dem die Würfel lagen, und schüttelte sie. Dann spielten er und Duwe mehrere Stunden lang, aber Silfverbrandt gewann jedes Mal. Unterdessen hörte das Unwetter auf; die Eule fand den Weg in ihr Nest; die alte Haushälterin musste vor Müdigkeit ihr Lager aufsuchen; Silfverbrandt ging aber erst zur Ruhe, als er Acker um Acker, Weide um Weide, Wald um Wald, Kate um Kate zurückgewonnen hatte und ganz Töreby wieder sein war.

Ein prächtiger Morgen folgte der Unwetternacht: hoher, blauer Himmel, frische Luft und ein spiegelnder klarer See. Die alte Haushälterin wurde zu ihrem Herrn gerufen, während dieser noch zu Bett lag.

Als sie die Schlafkammertür öffnete, war es ihr, als ob etwas Kleines und Graues an ihr vorbeihuschte. Sie zuckte zusammen.

Rittmeister Silfverbrandt lag sehr bleich im Bett. »Hat Sie ihn gesehen?«, fragte er.

»Nein«, sagte die Haushälterin aus alter Gewohnheit, denn es war dem Heinzelmännchen nicht recht, wenn man sagte, dass man es gesehen hatte.

»Es war der Altvater«, sagte der Rittmeister. »Er ging gerade, als Sie hereinkam. Er war hier und hat mit mir gewürfelt.«

Die Haushälterin stand da und starrte ihren Herrn an.

»Altvater ist mit mir nicht zufrieden«, sagte der Rittmeister. »Er will, dass mein Bruder den Hof bekommt. Und Sie wünscht es sich vielleicht auch.«

Der Rittmeister sah ganz sonderbar aus. Die alte Frau wusste nicht, was sie antworten sollte.

»Ja, den alten Duwe habe ich ja doch vom Hof weggebracht«, fuhr Silfverbrandt fort. »Ich will Altvater die

Hilfe lohnen, indem ich es hier auf dem Hof so werden lasse, wie er es haben will. – Er setzt wunderliche Dinge im Spiel ein, dieser Kobold. Er ist ärger als Duwe.«

Die Haushälterin begann zu zittern und murmelte wie in der Nacht: »Der Herr bewahre uns!«

»Na, stehe Sie nicht so da, Menschenskind, und mache Sie kein so bekümmertes Gesicht«, sagte Silfverbrandt, »spute Sie sich lieber und putze Sie mir meine Uniform! Poliere Sie das Bandelier, putze Sie die Knöpfe und reibe Sie die Flecken weg! Das Reitpferd soll auch mit dem besten Zaumzeug gesattelt werden. Die Mähne muss gestrählt sein; die Steigbügel müssen blinken und die Lederriemen glänzen!«

Die Haushälterin sah ihren Herrn erstaunt an. Sie ging und kam sogleich mit der Uniform wieder. In Töreby gab es nichts, das nicht geputzt und gestriegelt, poliert und wohlgepflegt gewesen wäre.

So stand denn Rittmeister Silfverbrandt auf, legte die blaue Uniform an, rückte den dreikantigen Hut auf dem Kopf zurecht, schnallte den Säbel an die Seite und zog die langen steifen Stulphandschuhe an. Er trat auf die Schwelle und sprang auf sein Pferd.

Zweimal ritt er rings um den Hof, dann schwenkte er zum See hinab zu der langen Waschbrücke, die damals schon stand. Er sah so prächtig und stolz aus, wie er da ritt, dass alles Hausgesinde herauskam, um ihn anzusehen. Und der Kutscher und die Haushälterin sahen beide, wie das Heinzelmännchen sich zur Stallluke hinausbog und dem Gutsherrn nachsah.

Als der Rittmeister zum Seeufer hinabkam, ritt er auf die Brücke hinaus. Er saß hoch und stolz im Sattel wie ein Held, und das Pferd ging mit kurzen, tanzenden Schritten. Als die Brücke zu Ende geritten war, entstand ein kurzer Kampf zwischen Reiter und Pferd. Das Pferd wollte wenden, aber Rittmeister Silfverbrandt zwang es mit Reitpeitsche und Sporen, weiterzugehen. Und mit einem hohen Sprung stürzte sich das Pferd in das Wasser.

Alle, die auf dem Hof standen, liefen nun zum See hinab, aber als sie hinkamen, waren Reiter und Pferd verschwunden. Sie waren sogleich untergegangen, ohne wieder aufzutauchen.

Die jungen Burschen sprangen in die Boote und ruderten auf den See hinaus. Alle sprachen durcheinander und suchten Rat und Hilfe zu bringen, nur die alte Haushälterin blieb still.

»Es nützt nichts«, sagte sie. »Das ist der Hausgeist. Er hat sein Leben an den Hausgeist verspielt, der ihm heute Nacht geholfen hat.«

Als die Menschen, bestürzt und entsetzt, zum Hof zurückkehrten, stand das Heinzelmännchen von Töreby allen sichtbar in der Stallluke und winkte siegesstolz mit seiner roten Mütze.

Denn nun wusste es, dass Ordnung und Stille und ein ernstes Leben wieder auf Töreby einziehen würden.

Der Wechselbalg

Die Trollin kam durch den Wald geschlichen. Ihr Junges trug sie in einer Rindenbutte auf dem Rücken. Es war groß und hässlich, mit Haaren wie Borsten, nadelscharfen Zähnen und einer Kralle am kleinen Finger; aber die Trollin glaubte natürlich, dass es gar kein schöneres Kind geben könnte.

Wie die Trollin so einherging, kam sie zu einer Waldlichtung. Über den holprigen Waldweg kamen ein Bauer und sein Weib geritten.

Zuerst wollte die Trollin wieder in den Wald fliehen, damit niemand sie zu Gesicht bekäme, aber plötzlich bemerkte sie, dass die Bäuerin ein Kind auf dem Arm trug, und da wurde sie andern Sinnes. Sie schlich näher zum Weg heran und versteckte sich hinter einem Haselstrauch.

»Ich will doch sehen, ob das Menschenkind ebenso schön ist wie meines«, dachte die Trollin. Aber in ihrem Eifer sah sie zu weit aus dem Busch hervor; und als die Reitenden sich näherten, erblickten die Pferde den großen schwarzen Trollkopf. Sie erschraken, stellten sich auf die Hinterbeine, scheuten und gingen durch. Fast wären der Bauer und sein Weib abgeworfen worden. Sie stießen einen Schrei aus, beugten sich vor, um die Zügel anzureißen, und waren im nächsten Augenblick verschwunden.

Die Trollin war wütend, weil sie das Menschenkind kaum zu Gesicht bekommen hatte. Aber plötzlich wurde sie wieder seelenvergnügt, denn da lag ja das Kind vor ihr auf der Erde. Als die Pferde durchgingen, war es der Bäuerin aus dem Arm gefallen.

Das Kind lag auf einem Haufen dürrer Blätter und war ganz unversehrt. Es schrie vor Schreck über den Fall; aber als die Trollin sich darüberbeugte, schien es über den Anblick so belustigt, dass es verstummte und lächelte und das Händchen ausstreckte, um an dem schwarzen Bart der Trollin zu zupfen.

Die Trollin stand ganz verblüfft da und betrachtete das Menschenkind. Sie sah die kleinen Händchen mit den rosenroten Nägeln, die klaren blauen Äuglein und das kleine Mündchen. Sie befühlte das weiche Haar, strich über die Wangen und wusste sich vor Staunen gar nicht zu fassen, dass ein Kind so rosig und weich und fein sein konnte.

Plötzlich riss die Trollin ihre Rindenbutte vom Rücken, holte ihr eignes Junges heraus und setzte es neben das Menschenkind. Als sie nun den Unterschied zwischen den beiden sah, konnte sie es nicht lassen, vor Wut laut aufzuheulen.

Unterdessen hatten der Bauer und sein Weib ihre Pferde wieder gebändigt. Sie kamen nun zurück, um ihr Kind zu suchen. Als die Trollin sie kommen hörte, kamen ihr fast die Tränen, denn sie hatte sich noch lange nicht an dem Menschenkind sattgesehen. Sie blieb sitzen, bis die Reiter fast in Sichtweite waren, dann fasste sie einen raschen Entschluss. Sie ließ ihr Junges am Wegesrand liegen, steckte das Menschenkind in ihre Rindenbutte und lief damit in den Wald.

Kaum war die Trollin in den Wald verschwunden, da kamen der Bauer und seine Frau, um nach dem Kind zu suchen. Es waren prächtige Bauersleute, reich und geachtet und mit einem schönen Hof am Fuß des Waldhügels. Sie waren schon viele Jahre verheiratet, aber sie hatten nur dieses einzige Kindchen. Man kann sich also denken, wie sehr es ihnen am Herzen lag.

Die Frau war dem Mann um ein paar Pferdelängen voraus und erblickte zuerst das Kind am Wegesrand. Es schrie aus Leibeskräften, um die Trollin zurückzurufen; und die Bäuerin hätte schon an dem Geheul merken können, was für ein Kind das war, aber sie hatte solche Angst ausgestanden, dass sie bei dem Geschrei nur dachte: »Gott sei Dank, dass es am Leben ist.«

»Da liegt das Kind«, rief sie dem Mann zu, glitt aus dem Sattel und lief auf das Trolljunge zu.

Als der Bauer zur Stelle kam, saß die Frau am Wegesrand und drehte das Kind hin und her. Sie glaubte, ihren Sinnen nicht trauen zu können.

»Mein Kind hatte doch keine Stachelzähne«, sagte sie, »mein Kind hatte doch keine Haare wie Schweinsborsten; mein Kind hatte doch keine Kralle am kleinen Finger.«

Der Bauer musste annehmen, dass sein Weib verrückt geworden sei. Rasch sprang er vom Pferd.

»Sieh das Kind an und sage, ob du begreifen kannst, wie es sich so verändern konnte«, sagte die Frau und reichte es ihm. Er nahm es aus ihren Händen, aber kaum hatte er einen Blick darauf geworfen, da spuckte er dreimal aus und schleuderte es von sich. »Das ist doch ein Trolljunges«, rief er. »Das ist nicht unser Kind.«

Die Frau saß noch immer am Wegesrand. Sie konnte nicht fassen, was sich begeben hatte.

»Aber was tust du denn mit dem Kind?«, fragte sie.

»Ja merkst du denn nicht, dass das ein Wechselbalg ist?«, sagte der Mann. »Die Trolle haben die Gelegenheit benutzt; als unsere Pferde durchgingen, haben sie unser Kind gestohlen und dafür ein Trolljunges hingelegt.«

»Aber wo ist denn dann jetzt mein Kind?«, fragte die Frau.

»Das ist bei den Trollen«, antwortete der Mann.

Nun begriff die Frau endlich das ganze Unglück. Sie erbleichte, und der Mann glaubte, dass sie auf der Stelle ihren Geist aufgeben würde.

»Unser Kind kann ja nicht weit fort sein«, sagte der Mann und versuchte sie zu beschwichtigen, obgleich er selbst nicht viel Hoffnung hatte. »Wir wollen in den Wald gehen und es suchen.« Damit band er die Pferde an einen Baum und begab sich in das Dickicht. Die Frau stand auch auf, um ihm zu folgen, da sah sie das Trolljunge auf dem Boden liegen; es konnte jeden Augenblick von den Pferden totgetrampelt werden, die unruhig waren und einmal ums andre wild nach hinten ausschlugen. Sie schauderte bei dem Gedanken, den Wechselbalg anrühren zu müssen, schob ihn aber doch so, dass die Pferde ihn nicht zertreten konnten.

»Hier liegt die Schelle, die unser Kind in der Hand hatte, als du es fallen ließest«, rief der Bauer aus dem Wald. »Jetzt weiß ich, dass ich auf der rechten Spur bin.«

Die Frau eilte ihm nach; und sie gingen in den Wald und suchten lange und eifrig. Aber sie fanden weder Kind noch Troll; und als die Dämmerung einbrach, mussten sie zu ihren Pferden zurückkehren.

Die Frau weinte und rang die Hände. Der Mann ging mit aufeinandergepressten Lippen und sagte nicht ein Trostwort. Er war aus einem alten guten Geschlecht, das erloschen wäre, wenn er nicht einen Sohn bekommen hätte. Jetzt zürnte er der Frau, weil sie das Kind hatte zu Boden fallen lassen. Sie hätte es doch festhalten können! Aber als er sah, wie betrübt sie war, brachte er es nicht übers Herz, sie zu tadeln. Der Bauer half der Frau in den Sattel, da fiel ihr der Wechselbalg ein. »Was sollen wir mit dem Trolljungen anfangen?«, rief sie.

»Ja, wo ist es denn hingekommen?«, fragte der Mann.

»Es liegt dort unter dem Busch.«

»Da liegt es ja ganz gut«, sagte der Mann und lächelte bitter.

»Wir müssen es aber doch mitnehmen. Wir können es doch nicht hier in der Wildnis lassen.«

»Doch, das können wir sehr gut«, sagte der Bauer und setzte den Fuß in den Steigbügel.

Die Frau fand, dass der Mann eigentlich ganz recht hätte und ließ das Pferd ein paar Schritte machen, aber da sie von weicher und warmherziger Gemütsart war, konnte sie unmöglich weiterreiten.

»Nein, es ist ja doch ein Kind«, sagte sie. »Ich kann es nicht hierlassen, den Wölfen zum Fraß. Du musst mir den Jungen reichen.«

»Das tu ich nicht«, sagte der Mann. »Er liegt ganz gut, wo er liegt.«

»Wenn du ihn mir jetzt nicht bringst, muss ich heute Abend wieder herkommen und ihn holen«, sagte sie.

»Nicht genug damit, dass die Trolle meinen Knaben gestohlen haben«, sagte er, »sie haben auch noch meinem Weib den Kopf verdreht.« Aber dabei hob er doch das Kind auf und reichte es der Frau, denn er hatte eine große Liebe zu ihr und war es gewohnt, ihr gefällig zu sein.

Am nächsten Tag war das Unglück im ganzen Kirchspiel bekannt, und alle, die alt und klug waren, eilten in die Hütte des Bauern, um gute Raschläge zu geben.

»Wer einen Wechselbalg im Haus hat, muss ihm jeden Tag mit einem derben Stecken Schläge geben«, sagte eine Alte.

»Warum soll ich denn so übel mit ihm umgehen?«, fragte die Bäuerin. »Freilich ist er hässlich, aber er hat doch nichts Böses getan.«

»Ja, wenn man das Junge schlägt, bis das Blut fließt, dann kommt schließlich die Trollin herbeigesaust, wirft einem das eigne Kind zu und nimmt ihres mit. Ich weiß viele, die es so gemacht haben, um ihr Kind wiederzubekommen.«

»Aber diese Kinder sind dann nicht lange am Leben geblieben«, sagte eine andere. Die Bäuerin wusste, dass sie dieses Mittel nicht anwenden würde; es wäre ihr unmöglich gewesen.

Gegen Abend, als die Bäuerin mit dem Wechselbalg allein in der Stube war, begann sie sich auf einmal so heftig nach ihrem eignen Kind zu sehnen, dass sie gar nicht wusste, was sie tun sollte. »Vielleicht sollte ich doch den Rat der alten Frauen befolgen«, dachte sie; aber sie konnte sich nicht dazu entschließen.

In demselben Augenblick kam der Mann mit einem Stock in der Hand in die Stube und fragte nach dem Wechselbalg. Da sah die Frau, dass der Mann den Rat der klugen Frauen befolgen und das Trollkind prügeln wollte, um sein eignes zurückzubekommen. »Es ist gut, dass er es tut«, dachte sie. »Ich bin zu dumm. Ich könnte nie ein unschuldiges Kind schlagen.«

Aber kaum hatte der Mann dem Trollkind einen Hieb versetzt, da stürzte die Frau herbei und packte ihn am Arm. »Nein, schlag nicht, schlag nicht!«, bat sie.

»Du willst wohl dein eignes Kind nicht wiederhaben?«, sagte der Mann und versuchte sich loszumachen.

»Freilich will ich es wiederhaben, aber nicht auf diese Art«, sagte die Frau. Der Mann erhob den Arm zu einem neuen Schlag, aber die Frau warf sich auf das Kind, sodass der Hieb ihren Rücken traf.

»Gott schütze mich«, sagte der Mann, »jetzt sehe ich, du willst unser Kind gar nicht wiederhaben, sonst würdest du dich nicht so anstellen.« Er blieb stehen und wartete, aber die Frau blieb liegen und schützte das Kind. Da warf der Mann den Stock fort und ging unmutig aus der Stube. Er wunderte sich später, dass er seinen Vorsatz nicht doch ausgeführt hatte, aber wenn seine Frau da war, bezwang ihn irgendetwas: Er konnte ihr nicht zuwiderhandeln.

Ein paar Tage vergingen in Schmerz und Trauer. Was die Bäuerin am meisten quälte, war die Sorge für das Trollkind. Fast nahm es ihr die Kraft, ihr eignes Kind zu betrauern.

»Ich weiß nicht, was ich dem Wechselbalg zu essen geben soll«, sagte sie eines Morgens zu ihrem Mann. »Er will nichts essen – was ich ihm auch vorsetze.«

»Das ist nicht verwunderlich«, sagte der Mann. »Du wirst doch schon gehört haben, dass die Trolle nichts anderes essen als Frösche und Mäuse.«

»Aber du kannst doch nicht verlangen, dass ich zum Froschsumpf gehe und dort das Essen hole«, sagte die Frau.

»Nein, ich verlange nichts dergleichen«, antwortete der Bauer. »Ich finde, es wäre am besten, wenn der Wechselbalg verhungern würde.«

Die Woche verging, ohne dass die Bäuerin das Trolljunge bewegen konnte, irgendetwas zu sich zu nehmen. Es schrie nur in seiner Wiege und wurde ganz elend und mager. Die Bäuerin versuchte es mit allen möglichen guten Speisen; aber der Wechselbalg fauchte und spuckte nur, wenn sie ihn überreden wollte, etwas von den Leckerbissen zu kosten.

Eines Abends, als das Trollkind schon beinahe Hungers gestorben war, kam die Katze mit einer Maus zwischen den Zähnen in die Stube gelaufen. Da riss die Bäuerin der Katze die Maus aus dem Rachen, warf sie dem Kind hin und verließ hastig die Stube, um nicht sehen zu müssen, wie das Trolljunge aß.

Als der Bauer merkte, dass die Frau wirklich Frösche und Spinnen für den Wechselbalg sammelte, begann er einen solchen Abscheu vor ihr zu empfinden, dass er es kaum verbergen konnte. Er konnte sich nicht überwinden, seiner Frau ein freundliches Wort zu sagen; und wäre nicht jene wunderliche Macht gewesen, die sie über ihn besaß, hätte er sie sogleich verlassen.

Auch die Dienstleute begannen der Bäuerin Ungehorsam und Unehrerbietigkeit zu zeigen, ohne dass der Bauer sich darum kümmerte.

Die Frau merkte bald: Wenn sie fortfuhr, den Wechselbalg in Schutz zu nehmen, würde sie es mit ihrem Mann, dem Gesinde und den Nachbarn sehr schwer haben; aber sie war nun einmal so: Alles Schwache und Verfolgte musste sie beschützen. Je mehr sie um des Wechselbalges willen litt, desto getreulicher wachte sie darüber, dass ihm nichts Böses widerfuhr.

Ein paar Jahre später saß die Bäuerin an einem Vormittag allein in der Stube und nähte Flicken um Flicken auf ein kleines Kinderkleid. »Ach ja«, dachte sie, während sie so nähte, »der hat keine guten Tage, der für ein fremdes Kind sorgen muss.«

Sie nähte und nähte, aber die Löcher waren so groß und so zahlreich, dass ihr die Tränen in die Augen kamen. »So viel weiß ich«, dachte sie, »wenn ich meines eignen Sohnes Kittelchen flickte, würde ich die Löcher nicht zählen.

Ich habe es doch gar zu schwer mit dem Wechselbalg«, dachte die Bäuerin, als sie ein neues Loch entdeckte. »Das Beste wäre es schon, wenn ich ihn tief in den Wald führte und ihn dort zurückließe.

Ich brauchte mir gar nicht so viele Mühe zu geben, ihn loszuwerden«, fuhr sie nach einem Weilchen fort. »Ich brauchte ihn nur einen Augenblick ohne Aufsicht zu lassen, dann würde er schon im Brunnen ertrinken oder im Herd verbrennen oder vom Hund gebissen oder von den Pferden gestoßen oder von den Knechten erschlagen werden. Ja, es wäre ein Leichtes, ihn loszuwerden, denn ausgelassen und schlimm ist er, und es gibt keinen, der ihn nicht hasste. Ich glaube, wenn ich nicht beständig um ihn wäre, würde ihn gleich jemand umbringen.«

Sie ging hin und sah das Kind an, das in einer Ecke der Stube lag und schlief. Es war inzwischen sehr gewachsen und sah jetzt noch viel hässlicher aus als am Anfang. Es hatte große, wulstige Lippen; die Augenbrauen waren wie zwei steife Bürsten, und die Haut war ganz braun.

»Deine Kleider flicken und über dich wachen, ginge wohl noch an«, dachte sie. »Wenn ich deinetwegen nicht schlimmere Sorgen hätte. Es ist ja fast, als hätte ich den Verstand verloren, da ich so viel um dich leide, wo du doch nur ein widerwärtiger Troll bist. Mein Mann verabscheut mich; die Knechte verachten mich; die Mägde höhnen mich; die Katze faucht mich an; der Hund knurrt, wenn er mir begegnet; und an dem allen bist nur du schuld.

Aber dass Tiere und Menschen mich hassen, ist noch nicht das Schlimmste«, fuhr sie nachdenklich fort. »Das Schlimmste ist, dass ich mich jedes Mal, wenn ich dich ansehe, umso mehr nach meinem eignen Sohn sehne. Oh, mein liebes Kind, mein allerliebstes Goldkind, wo bist du jetzt? Schläfst du bei der Trollin auf Moos und Reisig?«

Da ging die Tür auf. Die Frau begab sich wieder zum Tisch und setzte sich zu ihrer Näharbeit. Es war ihr

Mann, der eintrat. Er hatte ein lächelndes Gesicht und
sprach seit langer Zeit endlich wieder einmal mit
freundlicher Stimme.

»Heute ist im Nachbardorf Jahrmarkt«, sagte er. »Wie
wär es, wenn wir hingingen?«

»Ach, das wollte ich gar so gerne«, sagte die Frau und
wurde sehr froh.

»Nun, dann mach dich rasch fertig«, sagte der Mann.
»Wir müssen zu Fuß gehen, denn die Pferde sind bei
der Arbeit. Aber wir kommen noch zurecht, wenn wir
den Weg über den Hügel nehmen.«

Ein kleines Weilchen später stand die Frau in Feier-
tagskleidern auf der Schwelle. Das war das Freudigste,
was ihr seit Jahren begegnete, und sie hatte das Trollkind völlig vergessen. »Aber«, dachte sie ganz plötzlich,
»vielleicht will mein Mann mich nur fortlocken, damit
einer der Knechte das Trollkind erschlagen kann.« Sogleich ging sie in die Stube und kam mit dem großen
Trolljungen auf dem Arm zurück.

»Kannst du den Wechselbalg nicht daheim lassen?«,
fragte der Mann, aber er lachte dabei und war ganz
sanft.

»Nein, ich traue mich nicht, von ihm fortzugehen«,
sagte sie.

»Ja, das ist deine Sache«, sagte der Bauer, »aber es
wird dir schwer werden, solch einen Bengel den Hügel
hinaufzuschleppen.«

Sie begannen ihre Wanderung. Es ging steil aufwärts.
Sie mussten einen hohen Gebirgsgrat erklimmen, ehe
sie in das benachbarte Dörfchen kamen.

Die Frau wurde schließlich so müde, dass sie kaum mehr einen Fuß vor den andern setzen konnte. Einmal ums andre suchte sie den großen Burschen zu überreden, selbst zu gehen, aber er wollte nicht.

Der Mann war die ganze Zeit vergnügt und so freundlich, wie er es nie mehr gewesen war, seit sie ihr Kind verloren hatten.

»Jetzt musst du mir aber den Wechselbalg geben«, sagte er, »ich werde ihn ein Weilchen tragen.«

»Ach nein, ich kann schon«, sagte die Frau, »ich will nicht, dass du durch dieses Trollzeug Beschwerden hast.«

»Warum sollst du dich allein damit abplagen«, sagte er und nahm den Wechselbalg.

Als der Bauer das Kind nahm, war der Weg gerade am allersteilsten. Er führte ganz schmal und schlüpfrig am Rande eines Abgrundes vorbei. Es war kaum Platz, den Fuß aufzusetzen. Die Frau ging hinter ihm und bekam plötzlich große Angst. »Geh hier vorsichtig«, rief sie. Gleich darauf glitt er auch wirklich aus und hätte fast das Trolljunge in den Abgrund fallen lassen.

»Wenn das Kind jetzt gefallen wäre, dann wären wir es für alle Zeit los gewesen«, dachte sie. Aber in demselben Augenblick wusste sie, dass es die Absicht des Mannes war, das Kind hier hinunterzuwerfen und dann zu tun, als wäre ein Unglück geschehen.

»Ach«, dachte sie, »er hat das alles nur so eingerichtet, um das Kind beseitigen zu können, ohne dass ich die Absicht merke. Ja, wäre es nicht am besten, wenn ich ihm seinen Willen ließe?«

Wieder rutschte der Mann auf einem lockeren Stein aus; wieder wäre ihm das Kind fast aus dem Arm gefallen.

»Gib mir das Kind, du fällst damit«, sagte die Frau.

»Nein«, sagte der Mann, »ich werde schon aufpassen.«

»Du sollst es mir geben«, rief die Frau, »du bist schon zweimal ausgeglitten.«

In demselben Augenblick rutschte der Mann zum drittenmal aus. Er streckte die Arme nach einem Baumast, um sich daran festzuhalten, und das Kind fiel. Die Frau stürzte vor, packte einen Zipfel des Kittelchens und zog das Kind daran wieder auf den Weg.

Da wandte sich der Mann ihr zu. Sein Gesicht war jetzt hässlich und böse. »Als du unser Kind im Wald fallen ließest, warst du nicht so flink«, sagte er zornig.

Die Frau antwortete nicht. Sie saß auf der Erde und weinte darüber, dass die Freundlichkeit des Mannes nur gespielt gewesen war.

»Warum weinst du?«, sagte er hart. »Es wäre wohl kein so großes Unglück gewesen, wenn ich den Balg hätte fallen lassen. Komm jetzt, es wird spät.«

»Ich glaube, ich hab' keine Lust mehr, auf den Markt zu gehen«, sagte sie.

»Na ja, mir ist die Lust auch vergangen«, sagte er.

»Ich will lieber nach Hause«, sagte die Frau.

»Ja, warum sollten wir auch auf den Markt, wenn es uns keine Freude macht«, sagte der Mann und war einig mit ihr.

Auf dem Heimweg fragte sich der Mann, wie lange er es noch mit seinem Weib aushalten könnte. Wenn er von seiner Macht Gebrauch machte und sie zwänge, das

Trollkind zu lassen, dann könnte alles zwischen ihnen wieder gut werden, meinte er; aber so, wie es jetzt war, wollte er am liebsten von ihr befreit sein. Er war nahe daran, Gewalt gegen sie anzuwenden und das Kind an sich zu reißen, aber da begegnete er ihrem Blick, der so schwermütig und traurig war, dass er es nicht vermochte, hart gegen sie zu sein. Um ihrer Trauer willen tat er sich Gewalt an, wie er es bisher getan hatte, und alles blieb, wie es gewesen war.

Wieder vergingen einige Jahre, und es kam eine Sommernacht, da auf dem Bauernhof eine Feuersbrunst ausbrach. Als die Leute aufwachten, waren Stube und Kammer voll Rauch; und der ganze Dachboden war ein Feuermeer. Es war gar nicht daran zu denken, zu löschen oder zu retten; man konnte nur hinausstürmen, um nicht zu verbrennen.

Der Bauer lief auf den Hof hinaus und stand da und sah das brennende Haus an.

»Ich möchte wissen, wer mir das angetan hat?«

»Wer? Nun, wer sollte es wohl anders gewesen sein als der Wechselbalg?«, sagte ein Knecht. »Es war schon immer sein Spiel, Scheiterhaufen aus Reisig zu machen und sie anzuzünden.«

»Gestern hat er einen großen Haufen trockner Zweige auf den Dachboden getragen«, sagte die Magd. »Er wollte sie eben anzünden, als ich kam und es bemerkte.«

»Gewiss hat er gestern Abend den Brand gelegt«, sagte der Knecht. »Ihr könnt ganz sicher sein, dass er das Unglück verursacht hat.«

»Wenn er nur wenigstens verbrennen wollte«, sagte der Bauer, »dann wollte ich nicht klagen, dass meine alte Hütte in Flammen aufgegangen ist.«

Als er das sagte, trat die Frau aus dem Haus und schleppte das Kind hinter sich her. Da stürzte der Bauer heran, entriss ihr das Kind, hob es hoch in die Luft und warf es wieder in das Haus zurück. Das Feuer schlug gerade zum Dach und zu den Fenstern heraus. Die Hitze war fürchterlich. Einen Augenblick sah die Frau den Mann an, leichenblass vor Schreck, dann kehrte sie um und eilte in das Haus zurück –, dem Kind nach.

»Es macht mir gar nichts, wenn du mit verbrennst«, rief ihr der Bauer nach. Sie kam jedoch wieder heraus und hatte das Kind in den Armen. Ihre Hände waren arg verbrannt, und das Haar war fast abgesengt. Niemand sagte ein Wort zu ihr, als sie herauskam. Sie ging zum Brunnen, löschte ein paar Funken, die an ihrem Rocksaum glühten, und setzte sich dann auf den Boden. Das Trollkind lag auf ihrem Schoß und schlummerte bald ein, doch sie saß hoch aufgerichtet und starrte mit traurigen Augen vor sich hin. Viele Menschen eilten herbei, um zu löschen, aber niemand sprach zu ihr. Es war, als ob sie etwas Hässliches und Unheimliches an sich hätte, das Schrecken und Abscheu erregte.

Bei Tagesanbruch, als das Feuer gelöscht war, kam der Bauer auf sie zu.

»Ich halte es nicht länger aus; ich kann nicht mit Trollen zusammenleben, obgleich ich dich ungern verlasse. Ich gehe jetzt meiner Wege und komme nie wieder.« Als die Frau diese Worte hörte und sah, wie der Mann sich gleich darauf abwandte, um seiner Wege zu gehen, da zuckte es in ihr, als wollte sie ihm nacheilen – aber das Trollkind lag schwer auf ihrem Schoß. Sie schien nicht Kraft genug zu haben, es abzuschütteln, und blieb sitzen.

Kaum war der Bauer in den Wald gekommen, als ihm ein kleiner Knirps in vollem Lauf über die Hügel entgegenkam. Er war schön wie ein junges Bäumchen und schmal und schlank. Das Haar war seidenweich, und die Augen leuchteten wie blauer Stahl.

»Ach ja, so wäre mein Sohn jetzt, wenn ich ihn hätte behalten dürfen«, dachte der Bauer. »Einen solchen Erben hätte ich gehabt. Das wäre freilich ein ander Ding gewesen als das schwarze Ungetüm, das meine Frau mir ins Haus gebracht hat.«

»Grüß Gott«, sagte der Bauer zu dem Kind, »wohin gehst du denn?«

»Grüß Gott«, sagte das Bürschchen und reichte ihm die Hand. »Wenn du erraten kannst, wer ich bin, sollst du erfahren, wohin ich gehe.«

Als der Bauer die Stimme hörte, wurde er ganz blass. »Ich kenne diese Stimme«, sagte er. »Wenn mein Sohn nicht bei den Trollen wäre, würde ich sagen, dass du es bist.«

»Ja, jetzt habt Ihr recht geraten, Vater«, sagte das Bürschchen und lachte. »Und weil Ihr recht geraten habt, sollt Ihr auch wissen, dass ich auf dem Weg zur Mutter bin.«

»Du sollst nicht zur Mutter gehen«, sagte der Bauer.

»Sie fragt gar nicht nach dir. Sie hat für niemand ein Herz, nur für ein großes garstiges Trolljunges.«

»Meint Ihr das, Vater?«, sagte der Knabe und sah dem Vater tief in die Augen. »Dann ist es vielleicht besser, wenn ich fürs Erste bei Euch bleibe.«

Der Bauer war so froh über das Kind, dass ihm die Tränen in die Augen kamen. »Ja, bleib du nur bei mir«, sagte er und nahm den Knaben in seine Arme und küsste ihn. Er hatte große Angst, ihn aufs Neue zu verlieren, und wagte es nicht, ihn wieder auf den Boden zu stellen, sondern wanderte mit dem Kind im Arm weiter.

Als er ein paar Schritte gegangen war, begann der Kleine zu plaudern.

»Das ist gut, dass Ihr mich nicht so tragt, wie Ihr den Wechselbalg getragen habt«, sagte der Knabe.

»Was meinst du damit?«, fragte der Bauer.

»Ja, die Trollin ging auf der andern Seite der Kluft mit mir, und jedes Mal, wenn Ihr mit dem Kind ausglittet, Vater, glitt sie mit mir aus.«

»Ach was, ihr gingt auf der andern Seite der Kluft?«, sagte der Bauer und wurde plötzlich ganz nachdenklich.

»Nie habe ich solche Angst gehabt«, sagte das Bürschchen. »Als Ihr das Trollkind in die Schlucht warft, wollte mich die Trollin hinterherwerfen. Wäre Mutter nicht so geschwind gewesen …«

Der Bauer begann langsamer zu gehen, während er dem Kleinen Fragen stellte.

»Du musst mir erzählen, wie es dir bei den Trollen ergangen ist.«

»Manches Mal recht schlimm«, sagte der Kleine, »aber wenn Mutter gut zu dem Trolljungen war, dann war die Trollin auch gut zu mir.«

»Pflegte sie dich vielleicht zu schlagen?«, fragte der Bauer.

»Sie schlug mich nicht öfter, als Ihr das andre Kind schlugt.«

»Was kriegtest du denn zu essen?«, fragte der Bauer.

»Jedes Mal, wenn Mutter dem Wechselbalg Spinnen und Mäuse gab, bekam ich Butterbrot. Aber wenn ihr dem Trolljungen Kuchen und Fleisch vorsetztet, dann setzte mir die Trollin Schlangen und Kröten vor. In der ersten Zeit wäre ich fast verhungert. Wenn Mutter dann nicht mehr Barmherzigkeit bewiesen hätte als ihr andern, wäre ich wohl gestorben.«

Als das Kind dies sagte, machte der Bauer kehrt und ging rasch in das Tal hinab, seinem Hof zu.

»Ich weiß nicht, woher das kommt«, sagte er, »aber es ist mir, als spürte ich einen Brandgeruch, wenn ich dich anrühre; und dein Haar sieht aus, als ob es vom Feuer versengt wäre.«

»Das ist doch nicht zu verwundern«, sagte das Kind. »Ich wurde doch heute Nacht ins Feuer geworfen, als Ihr das Trollkind in die brennende Hütte schleudertet. Und wenn Mutter das Trolljunge nicht gerettet hätte, so wäre ich wohl auch verbrannt.«

Der Bauer schien nun solche Eile zu haben, dass er fast lief, um in sein Heim und zu seinem Weib zurückzukommen. Aber plötzlich blieb er stehen.

»Jetzt musst du mir aber sagen, woher es kommt, dass die Trolle dich freigegeben haben?«, sagte er.

»Als Mutter das opferte, was ihr mehr ist als das Leben, hatten die Trolle keine Macht mehr über mich und ließen mich ziehen«, sagte das Kind.

»Hat sie geopfert, was ihr mehr ist als das Leben?«, fragte der Bauer.

»Ja, das hat sie wohl, als sie Euch ziehen ließ, ohne einen Versuch zu machen, Euch zurückzuhalten«, sagte das Kind.

Die Frau saß noch immer am Brunnen. Sie schlief nicht, aber sie schien wie versteinert. Sie vermochte sich nicht zu rühren; was rings um sie vorging, bemerkte sie ebenso wenig, als wenn sie tot gewesen wäre. Da hörte sie ihren Mann nach ihr rufen, und ihr Herz begann wieder zu pochen. Neues Leben erwachte in ihr. Sie schlug die Augen auf und sah sich wie eine Schlaftrunkene um. Es war helllichter Tag; die Sonne schien, und die Vögel sangen, und es schien ihr ganz unmöglich, an einem so schönen Morgen unglücklich zu sein. Aber gleich darauf sah sie die verkohlten Balken, wo einst die Hütte gestanden hatte. Sie sah Menschen mit geschwärzten Händen und berußten Gesichtern. Da kam es ihr zum Bewusstsein, dass sie zu einem schwereren Unglück erwachte als je zuvor; aber dennoch hatte sie das Gefühl, als ob alles Leid nun zu Ende sein müsste. Sie sah sich nach dem Wechselbalg um. Er lag nicht mehr auf ihrem Schoß und war auch nirgends zu sehen. Da hörte sie ihren Mann aus weiter Ferne rufen. Er kam aus dem Wald, zum Hof hinunter, und all die fremden Menschen, die beim Löschen geholfen hatten, liefen ihm entgegen und umringten ihn, sodass sie ihn nicht sehen konnte. Sie hörte nur, wie er unaufhörlich rief: »Mutter, Mutter! Komm doch und sieh! Komm und sieh!« Und die Stimme brachte Kunde von einer großen Freude. Sie blieb dennoch regungslos sitzen. Sie wagte ihm nicht entgegenzugehen. Endlich kam die ganze Menschenschar auf sie zu; und der Mann trennte sich von den andern und kam heran und legte ein schönes Kind in ihre Arme.

»Hier ist unser Sohn; er ist zu uns zurückgekehrt«, sagte der Mann. »Und du – und kein andrer – hast ihn gerettet.«

Die Legende von der Christrose

Die Räubermutter, die in der Räuberhöhle im Göinger Wald hauste, hatte sich eines Tages auf einem Bettelzug in das Flachland hinunterbegeben. Der Räubervater war ein friedloser Mann und durfte den Wald nicht verlassen. Er musste sich damit begnügen, den Wegfahrenden aufzulauern, die sich in den Wald wagten; doch zu der Zeit, als der Räubervater und die Räubermutter sich in dem Göinger Wald aufhielten, gab es im nördlichen Schonen nicht allzu viel Reisende. Wenn es sich also begab, dass der Räubervater ein paar Wochen lang kein Glück gehabt hatte, dann machte sich die Räubermutter auf die Wanderschaft. Sie nahm ihre fünf Kinder mit; und jedes der Kleinen hatte zerfetzte Fellkleider und Holzschuhe und trug auf dem Rücken einen Sack, der gerade so lang war wie es selbst. Wenn die Räubermutter zu einer Haustür hereinkam, wagte niemand, ihr zu verweigern, was sie verlangte, denn sie überlegte manchmal nicht lange, sondern kehrte in der nächsten Nacht zurück und zündete das Haus an, in dem man sie nicht freundlich aufgenommen hatte. Die Räubermutter und ihre Nachkommenschaft waren ärger als die Wolfsbrut, und gar mancher hätte ihnen gern seinen guten Speer nachgeworfen, wenn nicht der Mann dort oben im Wald gewesen wäre und sich zu rächen gewusst hätte, wenn den Kindern oder der Alten etwas zuleide getan worden wäre.

Wie nun die Räubermutter bettelnd von Hof zu Hof zog, kam sie eines schönen Tages nach Öved, das zu jener Zeit ein Kloster war. Sie läutete an der Klosterpforte und verlangte etwas zu essen. Der Türhüter ließ ein kleines Schiebfensterchen herab und reichte ihr sechs runde Brote, eines für sie und eines für jedes Kind.

Während die Räubermutter still vor der Klosterpforte stand, liefen ihre Kinder umher. Dann kam eines von ihnen heran und zupfte die Mutter am Rock, zum Zeichen, dass es etwas gefunden hätte, was sie sich ansehen sollte. Die Räubermutter ging auch gleich mit.

Das ganze Kloster war von einer hohen, starken Mauer umgeben, aber der kleine Junge hatte ein kleines angelehntes Hintertürchen gefunden. Die Räubermutter stieß sogleich das Pförtchen auf und trat, ohne erst viel zu fragen, ein, wie es eben bei ihr der Brauch war.

Das Kloster Öved wurde zu jener Zeit von Abt Johannes regiert, der ein gar pflanzenkundiger Mann war. Er hatte sich hinter der Klostermauer einen kleinen Lustgarten angelegt, und in diesen drang nun die Räubermutter ein.

Im ersten Augenblick war sie so erstaunt, dass sie regungslos stehen blieb. Es war Hochsommerzeit, und der Garten des Abtes Johannes stand so voll Blumen, dass es blau und rot und gelb vor den Augen flimmerte, wenn man hinsah. Aber bald zeigte sich ein vergnügtes Lächeln auf dem Gesicht der Räubermutter. Sie begann, einen schmalen Gang zwischen vielen kleinen Blumenbeeten hinunterzugehen.

Im Garten stand ein Laienbruder, der Gärtnergehilfe war, und jätete das Unkraut aus. Er hatte die Tür in der Mauer halb offen gelassen, um Queckengras und Melde auf den Kehrichthaufen vor der Mauer werfen zu können. Als er die Räubermutter mit ihren fünf Bälgern in den Lustgarten treten sah, stürzte er ihnen sogleich entgegen und befahl ihnen, sich zu trollen. Die alte Bettlerin ging weiter, als sei nichts geschehen. Sie ließ die Blicke hinauf- und hinabwandern, sah bald die starren weißen Lilien an, die sich auf einem Beet ausbreiteten, und bald den Efeu, der die Klosterwand hoch emporkletterte, und bekümmerte sich nicht im Geringsten um den Laienbruder.

Der Laienbruder dachte, sie hätte ihn nicht verstanden, und wollte sie am Arm nehmen, um sie nach dem Ausgang umzudrehen, aber die Räubermutter warf ihm einen Blick zu, vor dem er zurückprallte. Sie war unter ihrem Bettelsack mit gebeugtem Rücken gegangen, aber jetzt richtete sie sich zur vollen Höhe auf.

»Ich bin die Räubermutter aus dem Göinger Wald«, sagte sie. »Rühr mich nur an, wenn du es wagst.« Und es sah aus, als ob sie nach diesen Worten ebenso sicher wäre, in Frieden von dannen ziehen zu können, als hätte sie verkündet, dass sie die Königin von Dänemark sei.

Aber der Laienbruder wagte dennoch, sie zu stören, obgleich er jetzt, wo er wusste, wer sie war, recht sanftmütig zu ihr sprach.

»Du musst wissen, Räubermutter«, sagte er, »dass dies ein Mönchskloster ist und dass es keiner Frau im Land verstattet ist, hinter diese Mauer zu treten. Wenn du nun nicht deiner Wege gehst, werden die Mönche mir zürnen, weil ich vergessen habe, das Tor zu schließen; sie werden mich vielleicht von Kloster und Garten verjagen.«

Doch solche Bitten waren an die Räubermutter verschwendet. Sie ging weiter durch die Rosenbeete und sah sich den Ysop an, der mit lilafarbenen Blüten bedeckt war, und das Kaprifolium, das voll rotgelber Blumentrauben hing.

Da wusste sich der Laienbruder keinen anderen Rat, als in das Kloster zu laufen und um Hilfe zu rufen. Er kam mit zwei handfesten Mönchen zurück, und die Räubermutter sah sogleich, dass es nun Ernst wurde. Sie stellte sich breitbeinig auf den Weg und begann mit gellender Stimme herauszuschreien, welche furchtbare Rache sie an dem Kloster nehmen würde, wenn sie nicht im Lustgarten bleiben dürfte, so lange sie wollte. Aber die Mönche fürchteten sie nicht und schickten sich an, sie zu vertreiben. Da stieß die Räubermutter schrille Schreie aus, stürzte sich auf die Mönche, kratzte und biss, und alle ihre Sprösslinge machten es ebenso. Den drei Männern blieb nichts anderes übrig, als in das Kloster zu gehen und Verstärkung zu holen.

Als sie über den Pfad liefen, der in das Kloster führte, begegneten sie dem Abt Johannes, der herbeigeeilt war, um zu sehen, wer da im Lustgarten so lärmte. Da mussten sie gestehen, dass die Räubermutter aus dem Göinger Wald in das Kloster eingedrungen war. Abt Johannes tadelte sie, dass sie Gewalt angewendet hatten, und verbot ihnen, um Hilfe zu rufen. Er schickte die beiden Mönche zu ihrer Arbeit zurück, und obgleich er ein alter, gebrechlicher Mann war, nahm er nur den Laienbruder mit in den Garten.

Als Abt Johannes dort anlangte, ging die Räubermutter wie zuvor zwischen den Beeten umher. Er konnte sich nicht genug über sie wundern. Er war ganz sicher, dass die Räubermutter nie zuvor in ihrem Leben einen Lustgarten erblickt hatte. Aber wie dem auch sein mochte – sie ging zwischen allen den kleinen Beeten mit den fremden und seltsamen Blumen umher und betrachtete sie, als wären es alte Bekannte. Es sah aus, als hätte sie schon öfters Immergrün und Salbei und Rosmarin gesehen. Einigen Blumen lächelte sie zu, und über andere wieder schüttelte sie den Kopf.

Abt Johannes liebte seinen Garten mehr als alle andern irdischen und vergänglichen Dinge. So wild und grimmig die Räubermutter auch aussah, so konnte er es doch nicht lassen, Gefallen daran zu finden, dass sie mit drei Mönchen gekämpft hatte, um die Blumen in Ruhe betrachten zu können. Er ging auf sie zu und fragte sie freundlich, ob ihr der Garten gefalle.

Die Räubermutter wendete sich heftig gegen Abt Johannes, denn sie war nur auf Hinterhalt und Überfall gefasst, aber als sie seine weißen Haare und seinen gebeugten Rücken sah, antwortete sie ganz freundlich: »Als ich ihn erblickte, schien es mir, als ob ich nie etwas Schöneres gesehen hätte, aber jetzt merke ich, dass er sich mit einem andern Garten nicht messen kann, den ich kenne.«

Abt Johannes hatte sicherlich eine andere Antwort erwartet. Als er hörte, dass die Räubermutter einen Lustgarten kenne, der schöner wäre als der seine, bedeckten sich seine runzeligen Wangen mit einer schwachen Röte.

Der Gärtnergehilfe, der danebenstand, begann auch sogleich die Räubermutter zurechtzuweisen.

»Dies ist Abt Johannes, Räubermutter«, sagte er, »der selber mit großem Fleiß und viel Mühe von fern und nah die Blumen für seinen Garten gesammelt hat. Wir wissen alle, dass es im ganzen schonischen Land keinen reicheren Lustgarten gibt, und es steht dir, die du das ganze liebe Jahr im wilden Wald hausest, wahrlich übel an, sein Werk zu tadeln.«

»Ich will niemand tadeln, weder ihn noch dich«, sagte die Räubermutter, »ich sage nur, wenn ihr den Lustgarten sehen könntet, an den ich denke, dann würdet ihr jegliche Blume, die hier steht, ausraufen und sie als Unkraut fortwerfen.«

Aber der Gärtnergehilfe war kaum weniger stolz auf die Blumen als Abt Johannes selbst, und als er diese Worte hörte, begann er höhnisch zu lachen.

»Ich kann mir wohl denken, dass du nur so schwätzest, Räubermutter, um uns zu reizen«, sagte er. »Das wird mir ein schöner Garten sein, den du dir unter Tannen und Wacholderbüschen im Göinger Wald eingerichtet hast! Ich wollte meine Seele verschwören, dass du überhaupt noch nie hinter einer Gartenmauer gewesen bist.«

Die Räubermutter wurde rot vor Ärger, dass man ihr misstraute, und rief: »Es mag wohl sein, dass ich niemals zuvor hinter einer Gartenmauer gestanden habe, aber ihr Mönche, die ihr heilige Männer seid, solltet wohl wissen, dass der große Göinger Wald sich in jeder Weihnachtsnacht in einen Lustgarten verwandelt, um die Geburtsstunde unseres Herrn und Heilandes zu feiern.

Wir, die wir im Wald leben, sehen dies jedes Jahr. In diesem Lustgarten habe ich so herrliche Blumen geschaut, dass ich es nicht wagte, die Hand zu erheben, um sie zu brechen.«

Da lachte der Laienbruder noch lauter und stärker: »Es ist gar leicht für dich, dazustehen und mit Dingen zu prahlen, die kein Mensch sehen kann. Ich kann nicht glauben, dass der Wald Christi Geburtsstunde feiert, wenn so unheilige Leute darin wohnen wie du und der Räubervater.«

»Und das, was ich sage, ist doch ebenso wahr«, entgegnete die Räubermutter, »wie dass du es nicht wagen würdest, in einer Weihnachtsnacht in den Wald zu kommen, um es zu sehen.«

Der Laienbruder wollte ihr von Neuem antworten, aber Abt Johannes bedeutete ihm durch ein Zeichen, stillzuschweigen. Abt Johannes hatte schon in seiner Kindheit erzählen hören, dass der Wald sich in der Weihnachtszeit in ein Feierkleid hülle. Er hatte sich oft danach gesehnt, es zu sehen, aber es war ihm niemals gelungen. Nun begann er die Räubermutter gar eifrig zu bitten, sie möge ihn um die Weihnachtszeit in die Räuberhöhle kommen lassen. Wenn sie nur eins ihrer Kinder schickte, ihm den Weg zu zeigen, dann wollte er allein hinaufreiten und sie nie und nimmer verraten, sondern sie so reich belohnen, wie es nur in seiner Macht stünde.

Die Räubermutter weigerte sich zuerst. Sie dachte an den Räubervater und an die Gefahr, der sie ihn preisgab, wenn sie Abt Johannes in ihre Höhle kommen ließe, aber dann wurde doch der Wunsch in ihr übermächtig, dem Abt zu zeigen, dass der Lustgarten, den sie kannte, schöner war als der seinige, und sie gab nach.

»Aber mehr als einen Begleiter darfst du nicht mitnehmen«, sagte sie. »Und du darfst uns keinen Hinterhalt legen, so gewiss du ein heiliger Mann bist.«

Dies versprach Abt Johannes, und damit ging die Räubermutter.

Abt Johannes befahl dem Laienbruder, niemand zu verraten, was vereinbart worden war. Er fürchtete, dass die Mönche, wenn sie von seinem Vorhaben etwas erführen, einem alten Mann, wie er es war, nicht gestatten würden, hinauf in die Räuberhöhle zu ziehen. Auch er selbst wollte den Plan keiner Menschenseele verraten. Aber da begab es sich, dass Erzbischof Absalon aus Lund gereist kam und eine Nacht in Öved verbrachte. Als nun Abt Johannes ihm seinen Garten zeigte, fiel ihm der Besuch der Räubermutter ein; und der Laienbruder, der dort umherging und arbeitete, hörte, wie der Abt dem Bischof von dem Räubervater erzählte, der nun seit vielen Jahren vogelfrei im Wald hauste, und um einen Freibrief für ihn bat, damit er wieder ein ehrliches Leben unter andern Menschen beginnen könnte.

»Wie es jetzt geht«, sagte Abt Johannes, »wachsen seine Kinder zu ärgeren Missetätern heran, als er selbst einer ist, und wir werden es bald mit einer ganzen Räuberbande zu tun bekommen.«

Doch Erzbischof Absalon erwiderte, dass er den bösen Räuber nicht auf die ehrlichen Leute im Land loslassen wolle. Es sei für alle am besten, wenn er dort oben in seinem Wald bliebe.

Da wurde Abt Johannes eifrig und begann dem Bischof vom Göinger Wald zu erzählen, der sich jedes Jahr rings um die Räuberhöhle weihnachtlich schmücke. »Wenn diese Räuber nicht zu schlimm sind, Gottes Herrlichkeit zu sehen«, sagte er, »so können sie wohl auch nicht zu schlecht sein, um die Gnade der Menschen zu erfahren.«

Aber der Erzbischof wusste Abt Johannes zu antworten.

»So viel kann ich dir versprechen, Abt Johannes«, sagte er und lächelte, »an welchem Tag immer du mir eine Blume aus dem Weihnachtsgarten des Göinger Waldes schickst, will ich dir einen Freibrief für alle Friedlosen geben, für die du bitten magst.«

Der Laienbruder sah, dass Bischof Absalon ebenso wenig wie er selbst an die Geschichte der Räubermutter glaubte, aber Abt Johannes merkte nichts davon, sondern dankte Absalon für sein gütiges Versprechen und sagte, die Blume wolle er ihm schon schicken.

Abt Johannes setzte seinen Willen durch, und am nächsten Weihnachtsabend saß er nicht daheim in Öved, sondern war auf dem Weg nach Göinge. Einer der wilden Jungen der Räubermutter lief vor ihm her. Der Knecht, der im Lustgarten mit der Räubermutter gesprochen hatte, begleitete ihn. Abt Johannes hatte sich den ganzen Herbst schon sehr nach dieser Reise gesehnt und freute sich nun, dass sie zustande gekommen war. Ganz anders stand es mit dem Laienbruder, der ihm folgte. Er hatte Abt Johannes von Herzen lieb und würde es nicht gern einem andern überlassen haben, ihn zu begleiten und über ihn zu wachen, aber er glaubte keineswegs, dass sie einen Weihnachtsgarten zu Gesicht bekommen würden. Er dachte, dass die Räubermutter Abt Johannes mit großer Schlauheit hereingelegt hatte, damit er ihrem Mann in die Hände falle.

Während Abt Johannes nordwärts zum Wald ritt, sah er, wie überall Anstalten getroffen wurden, das Weihnachtsfest zu feiern. In jedem Bauernhof machte man Feuer in der Badehütte; aus den Vorratskammern wurden große Mengen von Fleisch und Brot in die Wohnungen getragen, und aus den Tennen kamen die Burschen mit großen Strohgarben, die über den Boden gestreut werden sollten.

Als der Abt an dem kleinen Dorfkirchlein vorüber- ritt, sah er, wie der Priester und seine Küster damit beschäftigt waren, sie mit den besten Geweben zu schmücken, die sie nur hatten auftreiben können; und als er zu dem Weg kam, der nach dem Kloster Bosjö führte, sah er die Armen mit großen Brotlaiben und langen Kerzen daherwandern, die sie an der Kloster- pforte geschenkt bekommen hatten.

Als Abt Johannes alle diese Weihnachtszurüstungen sah, spornte er zur Eile an. Er dachte daran, dass seiner das größte Fest harrte.

Doch der Knecht jammerte und klagte, als er sah, wie sie sich auch in der kleinsten Hütte anschickten, das Weihnachtsfest zu feiern. Er wurde immer ängst- licher und bat und beschwor Abt Johannes, umzukeh- ren und sich nicht freiwillig in die Hände der Räuber zu geben.

Aber Abt Johannes ritt weiter, ohne sich um die Klagen zu kümmern. Er hatte bald das Flachland hinter sich und kam nun hinauf in die einsamen, wilden Wälder. Hier wurde der Weg schlechter. Er war eigentlich nur noch ein steiniger, nadelbestreuter Pfad; nicht Brücke und Steg führten über Flüsse und Bäche. Je länger sie ritten, desto kälter wurde es, und tief drinnen im Wald war der Boden mit Schnee bedeckt.

Es war ein langer und beschwerlicher Ritt. Sie zogen auf steilen und schlüpfrigen Pfaden über Moor und Sumpf, drangen durch Windbrüche und Dickicht. Gerade als der Tag zur Neige ging, führte der Räuberjunge sie über eine Waldwiese, die von nackten Laubbäumen und grünen Nadelbäumen umgeben war. Hinter der Wiese erhob sich eine Felswand, und in der Felswand war eine Tür aus rohen Planken. Abt Johannes stieg vom Pferd. Das Kind öffnete die schwere Tür, und er sah eine ärmliche Berggrotte mit nackten Steinwänden. Die Räubermutter saß an einem Blockfeuer, das mitten auf dem Boden brannte; an den Wänden waren Lagerstätten aus Tannenreisig und Moos, und auf einer von ihnen lag der Räubervater und schlief.

»Kommt herein, ihr dort draußen!«, rief die Räubermutter, ohne aufzusehen. »Und bringt die Pferde mit, damit sie nicht draußen in der Nachtkälte zugrunde gehen!«

Abt Johannes trat nun kühnlich in die Grotte, und der Laienbruder folgte ihm. Da sah es gar ärmlich und dürftig und gar nicht weihnachtlich aus. Die Räubermutter hatte weder gebraut noch gebacken; sie hatte weder gefegt noch gescheuert. Ihre Kinder lagen auf der Erde rings um einen Kessel, in dem nur dünne Wassergrütze war.

Doch die Räubermutter war ebenso stolz und selbstbewusst wie nur irgendeine wohlbestallte Bauersfrau.

»Setze dich nun hier ans Feuer, Abt Johannes, und wärme dich«, sagte sie, »und wenn du Wegzehrung mitgebracht hast, so iss, denn was wir hier im Wald kochen, wird dir wohl nicht munden. Und wenn du vom Ritt müde bist, kannst du dich auf einer dieser Lagerstätten ausstrecken. Du brauchst keine Angst zu haben, dass du verschlafen könntest. Ich sitze hier am Feuer und wache; ich werde dich schon wecken, damit du zu sehen bekommst, wonach du ausgeritten bist.«

Abt Johannes gehorchte der Räubermutter in allen Stücken und nahm seinen Schnappsack hervor. Aber er war nach dem Ritt so müde, dass er kaum zu essen vermochte; und sowie er sich auf dem Lager ausgestreckt hatte, schlummerte er ein.

Dem Laienbruder ward auch eine Ruhestatt angewiesen, aber er wagte nicht zu schlafen. Er wollte ein wachsames Auge auf den Räubervater haben, damit dieser nicht etwa aufstünde und Abt Johannes fesselte. Allmählich jedoch erlangte die Müdigkeit auch über ihn solche Gewalt, dass er einschlummerte. Als er erwachte, sah er, dass Abt Johannes sein Lager verlassen hatte, am Feuer saß und mit der Räubermutter Zwiegespräch pflog. Der Räubervater saß daneben. Er war ein hochaufgeschossener magerer Mann und sah schwerfällig und trübsinnig aus. Er kehrte Abt Johannes den Rücken, und es sah aus, als wolle er nicht zeigen, dass er dem Gespräch lauschte. Abt Johannes erzählte der Räubermutter von den Weihnachtsvorbereitungen, die er unterwegs gesehen hatte. Er erinnerte sie an die Weihnachtsfeste und die fröhlichen Weihnachtsspiele, die wohl auch sie in ihrer Jugend mitgemacht hatte, als sie noch in Frieden unter den Menschen lebte.

»Es ist ein Jammer, dass eure Kinder nie auf der Dorfstraße umhertollen oder im Weihnachtsstroh spielen dürfen«, sagte Abt Johannes. Die Räubermutter hatte ihm zuerst kurz und barsch geantwortet, aber so allmählich wurde sie kleinlauter und lauschte eifrig. Plötzlich wendete sich der Räubervater gegen den Abt Johannes und hielt ihm die geballte Faust vor das Gesicht.

»Du elender Mönch, bist du hierhergekommen, um Weib und Kinder von mir fortzulocken? Weißt du nicht, dass ich ein friedloser Mann bin und diesen Wald nicht verlassen darf?«

Abt Johannes sah ihm unerschrocken gerade in die Augen.

»Mein Wille ist es, dir einen Freibrief vom Erzbischof zu verschaffen«, sagte er. Kaum hatte er dies gesagt, als der Räubervater und die Räubermutter ein schallendes Gelächter anschlugen. Sie wussten nur zu wohl, welche Gnade ein Waldräuber vom Bischof Absalon zu erwarten hatte.

»Ja, wenn ich einen Freibrief von Absalon bekomme«, sagte der Räubervater, »dann gelobe ich dir, nie mehr auch nur eine Gans zu stehlen.«

Den Gärtnergehilfen verdross es sehr, dass das Räuberpack sich vermaß, Abt Johannes auszulachen, aber dieser selbst schien es ganz zufrieden zu sein. Der Knecht hatte ihn kaum je friedvoller und milder unter seinen Mönchen auf Öved sitzen sehen, als er ihn jetzt unter den wilden Räuberleuten sah.

Plötzlich sprang die Räubermutter auf.

»Du sitzest hier und plauderst, Abt Johannes«, sagte sie, »und wir vergessen ganz, nach dem Wald zu sehen. Jetzt höre ich bis in unsere Höhle, wie die Weihnachtsglocken läuten.«

Kaum war dies gesagt, als alle aufsprangen und hinausliefen; aber im Wald war noch dunkle Nacht und grimmiger Winter. Das Einzige, was man vernahm, war ferner Glockenklang, der von einem leisen Südwind hergetragen wurde.

»Wie soll dieser Glockenklang den toten Wald wecken können?«, dachte Abt Johannes. Denn jetzt, wo er mitten im Waldesdunkel stand, schien es ihm viel unmöglicher als zuvor, dass hier ein Lustgarten erstehen könnte.

Aber als die Glocke ein paar Augenblicke geläutet hatte, zuckte plötzlich ein Lichtstrahl durch den Wald. Gleich darauf wurde es wieder dunkel, aber dann kam das Licht wieder. Es kämpfte sich wie ein leuchtender Nebel durch die dunklen Bäume. Langsam ging die Dunkelheit in schwache Morgendämmerung über.

Da sah Abt Johannes den Schnee vom Boden verschwinden, als hätte jemand einen Teppich fortgezogen; und die Erde begann zu grünen. Das Farnkraut streckte

seine Triebe hervor. Die Erika, die auf der Steinhalde
wuchs, und der Porsch, der im Moor wurzelte, kleideten
sich rasch in frisches Grün. Die Mooshügelchen schwol-
len und hoben sich; und die Frühlingsblumen schossen
mit schwellenden Knospen auf und hatten schon einen
Schimmer von Farbe.

Abt Johannes klopfte das Herz heftig, als er die ersten Zeichen sah, dass der Wald erwachen wollte. »Soll
nun ich alter Mann ein solches Wunder schauen?«,
dachte er. Und die Tränen wollten ihm in die Augen
treten.

Nun wurde es wieder so dämmerig, dass er fürchtete
die nächtliche Finsternis könnte aufs Neue Macht er-
langen. Aber sogleich flutete eine neue Lichtwelle herein. Die brachte Bachgemurmel und das Rauschen
eisbefreiter Bergströme mit. Da schlugen die Blätter der
Laubbäume so rasch aus, als hätten sich grüne Schmetterlinge auf den Zweigen niedergelassen. Und nicht nur
die Bäume und Pflanzen erwachten. Die Kreuzschnäbel
begannen über die Zweige zu hüpfen. Die Spechte häm-
merten an die Stämme, dass die Holzsplitter nur so
flogen. Ein Zug Stare ließ sich in einem Tannenwipfel
nieder, um auszuruhen. Es waren prächtige Stare. Die
Spitze jedes kleinen Federchens leuchtete glänzend rot.
Wenn die Vögel sich bewegten, glitzerten sie wie Edel-
steine. Wieder wurde es für ein Weilchen still, aber bald
begann es von Neuem. Ein starker, warmer Südwind
blies und säte über die Waldwiese Samen aus südlichen
Ländern, die von Vögeln und Schiffen und Winden in
das Land gebracht worden waren. Sie schlugen Wurzel

und schossen Triebe in dem Augenblick, da sie den Boden berührten.

Als die nächste Welle kam, fingen Blaubeeren und Preiselbeeren zu blühen an. Wildgänse und Kraniche riefen hoch oben in der Luft; die Buchfinken bauten ihr Nest; und die Eichhörnchen begannen in den Baumzweigen zu spielen.

Alles ging nun so rasch, dass Abt Johannes gar nicht mehr überlegen konnte; er konnte nur Augen und Ohren weit aufmachen. Die nächste Welle, die herangebraust kam, brachte den Duft frisch gepflügter Felder. Aus weiter Ferne hörte man Hirtinnen die Kühe locken und die Glöckchen der Lämmer klingeln. Tannen und Fichten bekleideten sich so dicht mit kleinen roten Zapfen, dass die Bäume wie Seide leuchteten. Der Wacholder trug Beeren, die jeden Augenblick die Farbe wechselten. Und die Waldblumen bedeckten den Boden, dass er ganz weiß und blau und gelb war. Abt Johannes beugte sich zur Erde und brach eine Erdbeerblüte. Und während er sich aufrichtete, reifte die Beere. Die Füchsin kam mit einer großen Schar schwarzbeiniger Jungen aus ihrer Höhle. Sie ging auf die Räubermutter zu und rieb sich an ihrem Rock. Die Räubermutter beugte sich zu ihr hinunter und lobte ihre Jungen. Der Uhu, der eben seine nächtliche Jagd begonnen hatte, kehrte ganz erstaunt über das Licht wieder nach Hause zurück, suchte seine Schlucht auf und legte sich schlafen. Der Kuckuck rief; und das Kuckucksweibchen umkreiste mit einem Ei im Schnabel die Nester der Singvögel.

Die Kinder der Räubermutter stießen zwitschernde Freudenschreie aus. Sie aßen sich an den Waldbeeren satt, die groß wie Tannenzapfen an den Sträuchern hingen. Eines spielte mit einer Schar junger Hasen, ein anderes lief mit den jungen Krähen um die Wette, die aus dem Nest gehüpft waren, ehe sie noch flügge waren, das dritte hob die Natter vom Boden und wickelte sie sich um Hals und Arm. Der Räubervater stand draußen auf dem Moor und aß Brombeeren. Als er aufsah, stand ein großes schwarzes Tier neben ihm. Da brach der Räubervater einen Weidenzweig und schlug dem Bären auf die Schnauze.

»Bleib du, wo du hingehörst«, sagte er. »Das ist mein Platz.« Da machte der Bär kehrt und trabte davon.

Immer wieder kamen neue Wellen von Wärme und Licht. Entengeschnatter klang vom Waldmoor herüber. Gelber Blütenstaub von den Feldern schwebte in der Luft. Schmetterlinge kamen, so groß, dass sie wie fliegende Lilien aussahen. Das Nest der Bienen in einer hohlen Eiche war schon so voll Honig, dass er am Stamm hinuntertropfte. Jetzt begannen auch die Blumen sich zu entfalten, deren Samen aus fremden Ländern gekommen waren. Die Rosenbüsche kletterten um die Wette mit den Brombeeren die Felswand hinan, und oben auf der Waldwiese sprossen Blumen, so groß wie ein Menschengesicht. Abt Johannes dachte an die Blume, die er für Bischof Absalon pflücken wollte, aber eine Blume wuchs herrlicher heran als die andere, und er wollte die allerschönste wählen.

Welle um Welle kam, und jetzt war die Luft so von Licht durchtränkt, dass sie glitzerte. Und alle Lust und aller Glanz und alles Glück des Sommers lächelten rings um Abt Johannes. Es war ihm, als könnte die Erde keine größere Freude bringen. Aber das Licht strömte noch immer, und Abt Johannes fühlte, dass überirdische Luft ihn umwehte. Zitternd erwartete er des Himmels Herrlichkeit. Abt Johannes merkte, dass alles still wurde: Die Vögel verstummten, die jungen Füchslein spielten nicht mehr, und die Blumen hörten auf zu wachsen. Eine Seligkeit nahte, die das Herz stillstehen ließ; das Auge weinte, ohne dass es darum wusste, die Seele sehnte sich, in die Ewigkeit hinüberzufliegen. Aus weiter, weiter Ferne hörte man leise Harfentöne und überirdischen Gesang. Abt Johannes faltete die Hände und sank in die Knie. Sein Gesicht strahlte von Seligkeit. Nie hatte er erwartet, dass es ihm beschieden sein würde, schon in diesem Leben des Himmels Wonne zu kosten und die Engel Weihnachtslieder singen zu hören.

Aber neben Abt Johannes stand der Gärtnergehilfe, der ihn begleitet hatte. Er sah den Räuberwald voll Grün und Blumen, und er wurde zornig in seinem Herzen, weil er erkannte, dass er einen solchen Lustgarten nie und nimmer schaffen konnte, so sehr er sich auch mit Hacke und Spaten mühen mochte. Er vermochte nicht zu begreifen, warum Gott solche Herrlichkeit an das Räubergesindel verschwendete, das seine Gebote missachtete.

Finstere Gedanken zogen durch seinen Kopf. Das kann kein rechtes Wunder sein, dachte er, das sich bösen Missetätern zeigt. Das kann nicht von Gott stammen; das ist aus Zauberei entsprungen. Die Macht des bösen

Feindes hat uns verhext und zwingt uns, das zu sehen, was nicht vorhanden ist.

In der Ferne hörte man Engelharfen klingen und Engelgesang ertönen, aber der Laienbruder glaubte, dass es die böse Macht des Teufels sei.

»Sie wollen uns locken und verführen«, seufzte er. »Nie kommen wir mit heiler Haut davon; wir werden betört und der Hölle verkauft.«

Jetzt waren die Engelscharen so nahe, dass Abt Johannes ihre Lichtgestalten zwischen den Stämmen des Waldes schimmern sah. Und der Laienbruder sah dasselbe wie er, aber er hielt es für Arglist der bösen Geister und war empört, dass sie ihre Künste gerade in der Nacht trieben, in welcher der Heiland geboren war. Dies geschah ja nur, um die Christen umso sicherer ins Verderben zu stürzen.

Vögel umschwärmten das Haupt des Abtes, und er nahm sie in seine Hände. Aber vor dem Laienbruder fürchteten sich die Tiere; kein Vogel setzte sich auf seine Schulter, und keine Schlange spielte zu seinen Füßen. Nun war da eine kleine Waldtaube. Als sie merkte, dass die Engel nahe waren, nahm sie ihren ganzen Mut zusammen und flog dem Laienbruder auf die Schulter und schmiegte das Köpfchen an seine Wange. Da vermeinte er, dass ihm der Zauber endgültig auf den Leib rücke. Er wollte sich aber nicht in Versuchung führen und verderben lassen; er schlug mit der Hand nach der Waldtaube und rief mit lauter Stimme, dass es durch den Wald hallte:

»Zeuch zur Hölle, von wannen du kommen bist!« In diesem Augenblick waren die Engel so nahe, dass

Abt Johannes den Hauch ihrer mächtigen Fittiche fühlte. Er hatte sich zur Erde geneigt, sie zu grüßen, aber als die Worte des Laienbruders ertönten, verstummte urplötzlich der Gesang, und die heiligen Gäste wandten sich zur Flucht. Ebenso flohen das Licht und die milde Wärme vor Schreck über die Kälte und Finsternis in einem Menschenherzen. Die Dunkelheit sank wieder auf die Erde herab; die Kälte kam, die Pflanzen verwelkten; die Tiere enteilten; das Rauschen der Wasserfälle verstummte; das Laub fiel von den Bäumen.

Abt Johannes fühlte, wie sein Herz, das eben vor Seligkeit gezittert hatte, sich jetzt in unsäglichem Schmerz zusammenkrampfte. Niemals kann ich dies überleben, dachte er, dass die Engel des Himmels mir so nahe waren und vertrieben wurden, dass sie mir Weihnachtslieder singen wollten und in die Flucht gejagt wurden.

In demselben Augenblick erinnerte er sich an die Blume, die er Bischof Absalon versprochen hatte, und er beugte sich zur Erde und tastete unter dem Moos und Laub, um noch etwas zu finden. Aber er fühlte, wie die Erde unter seinen Fingern gefror. Da ward sein Herzleid noch größer. Er konnte sich nicht erheben, sondern musste auf dem Boden liegen bleiben.

Als die Räuberleute und der Laienbruder sich in der tiefen Dunkelheit zur Räuberhöhle zurückgetappt hatten, da vermissten sie Abt Johannes. Sie nahmen glühende Scheite aus dem Feuer und zogen aus, ihn zu suchen; und sie fanden ihn tot auf der Schneedecke liegen.

Und der Laienbruder hub an, zu weinen und zu klagen, denn er erkannte, dass er es war, der Abt Johannes getötet hatte, weil er ihm den Freudenbecher entrissen, nach dem er gelechzt hatte. Als Abt Johannes nach Öved hinuntergebracht worden war, sahen die Totenpfleger, dass er seine rechte Hand hart um etwas geschlossen hielt. Er musste es in seiner Todesstunde umklammert haben. Und als sie die Hand endlich öffnen konnten, fanden sie ein paar weiße Wurzelknollen. Als der Laienbruder, der Abt Johannes geleitet hatte, diese Wurzeln sah, nahm er sie und pflanzte sie in des Abtes Garten in die Erde.

Er pflegte sie und wartete das ganze Jahr, dass eine Blume daraus erblühe, doch er wartete vergebens den ganzen Frühling und Sommer und Herbst. Als endlich der Winter anbrach und alle Blätter und Blumen tot waren, hörte er auf zu warten. Als aber der Weihnachtsabend kam, wurde die Erinnerung an Abt Johannes so mächtig, dass er in den Lustgarten hinausging, seiner zu gedenken. Und siehe, als er an die Stelle kam, wo er die Wurzelknollen eingepflanzt hatte, da sah er üppige grüne Stängel, die schöne Blumen mit silberweißen Blüten trugen. Da rief er alle Mönche von Öved zusammen; und als sie sahen, dass diese Pflanze am Weihnachtsabend blühte, wo alle anderen Blumen tot waren, wussten sie, dass es wirklich die Pflanze war, die Abt Johannes im Weihnachtslustgarten des Göinger Waldes gepflückt hatte.

Der Laienbruder bat die Mönche, da ein so großes Wunder geschehen sei, einige von den Blumen dem

Bischof Absalon zu schicken. Als der Laienbruder vor Bischof Absalon hintrat, reichte er ihm die Blumen und sagte: »Dies schickt dir Abt Johannes. Es sind die Blumen, die er dir aus dem Weihnachtslustgarten im Göinger Wald zu pflücken versprochen hat.«

Als Bischof Absalon die Blumen sah, die in dunkler Winternacht der Erde entsprossen waren, und als er die Worte hörte, wurde er so bleich, als wäre er einem Toten begegnet. Eine Weile saß er schweigend da, dann sagte er: »Abt Johannes hat sein Wort gut gehalten; so will auch ich das meine halten.« Und er ließ einen Freibrief für den wilden Räuber ausstellen, der von Jugend an friedlos im Wald gelebt hatte.

Er übergab dem Laienbruder den Brief, und dieser zog damit von dannen, hinauf in den Wald und zur Räuberhöhle. Er trat am Weihnachtstag dort ein, doch der Räuber eilte ihm mit erhobener Axt entgegen.

»Ich will euch Mönche niederschlagen, so viel euer auch sind!«, rief er.

»Sicherlich hat sich um euretwillen der Göinger Wald nicht in sein Weihnachtskleid gehüllt.«

»Es ist einzig und allein meine Schuld«, sagte der Laienbruder, »und ich will gerne dafür sterben. Aber zuerst muss ich dir eine Botschaft von Abt Johannes bringen.« Und er zog den Brief des Bischofs heraus und verkündete dem Räuber, dass er nicht mehr vogelfrei sei, und zeigte ihm das Siegel Absalons, das an dem Pergamente hing.

»Fortab sollst du mit deinen Kindern im Weihnachts-stroh spielen, und das Christfest unter den Menschen feiern, wie es der Wunsch des Abtes Johannes war«, sagte er.

Da blieb der Räubervater stumm und bleich stehen, aber die Räubermutter sagte in seinem Namen: »Abt Johannes hat sein Wort getreulich gehalten, so wird auch der Räubervater das seine halten.«

Doch als der Räubervater und die Räubermutter aus der Räuberhöhle fortzogen, da zog der Laienbruder ein und hauste einsam im Wald und verbrachte seine Zeit in unablässigem Gebet, damit ihm seine Hartherzigkeit verziehen werde.

Und niemand darf ein strenges Wort über einen sagen, der bereut und sich bekehrt hat, wohl aber kann man wünschen, dass die bösen Worte des Laienbruders ungesagt geblieben wären, denn nie mehr hat der Göinger Wald die Geburtsstunde des Heilandes gefeiert, und von seiner ganzen Herrlichkeit lebt nur noch die Pflanze, die Abt Johannes dereinst gepflückt hat.

Man hat sie Christrose genannt; und jedes Jahr lässt sie ihre weißen Blüten und ihre grünen Stängel um die Weihnachtszeit aus dem Erdreich sprießen, als könnte sie nie und nimmer vergessen, dass sie einmal in dem großen Weihnachtslustgarten gestanden hat.